LA LÉGENDE DE METZ

DU MÊME AUTEUR.

Étude sur la Chine Contemporaine, 1864.

L'Esprit Chinois et l'Esprit Européen, 1868.

La Réforme des Humanités, 1872.

Description générale de l'Ancien Bourbonnais, 1875.

Relation d'une Mission archéologique en Tunisie, 1884.

L'Expédition de Chine, d'après la Correspondance confidentielle du général Cousin de Montauban, comte de Palikao. — Ouvrage mis sous séquestre par « Raison d'État », puis acquis par le Ministre de la Guerre, 1883.

Journal d'un Officier d'Ordonnance (juillet 1870 à février 1871). 53ᵉ édition. 1 vol. grand in-18 . 3 fr. 50

Journal d'un Interprète en Chine, 28ᵉ édition, 1 vol. grand in-18 . . . . 3 fr. 50

Le Cabinet Noir. — Louis XVII. — Napoléon. — Marie-Louise. — 19 édition, 1 vol. grand in-18. 3 fr. 50

LA LÉGENDE

DE

METZ

PAR

LE COMTE D'HÉRISSON

TROISIÈME ÉDITION

PARIS

PAUL OLLENDORFF, ÉDITEUR

28 bis, RUE DE RICHELIEU, 28 bis

1888

Tous droits réservés.

Il a été tiré à part vingt exemplaires sur papier de Hollande numérotés à la presse (1 à 20)

PRÉFACE

Dans une réunion d'officiers prussiens, le maréchal de Motlke, ce fils parricide du Danemark, disait dernièrement, avec ce qui lui reste de voix :

« La prochaine guerre sera une guerre dans laquelle la stratégie et la science du commandement joueront le premier rôle. Nos campagnes et nos victoires ont instruit nos ennemis. Comme nous, ils ont le nombre, l'armement et le courage ; mais notre supériorité sera dans la direction de cet état-major auquel je consacre ce qui me reste de vie.

« Cette force, nos ennemis peuvent nous l'envier, car ils ne l'ont pas. »

Quelques jours plus tard, l'implacable octogénaire ajoutait :

« J'ai le pressentiment que ma vie ne s'achèvera pas dans la paix, contrairement à mon désir le plus sincère. Dans ma jeunesse, on m'a prédit que je prendrais part à trois grandes guerres.

« Quoi qu'il advienne, soyons prêts à mourir pour la patrie allemande. »

Donc, si la France ne danse pas sur un volcan, c'est uniquement parce que, depuis bien des années, la France a désappris de danser. Mais qu'elle danse ou non, le volcan n'en existe pas moins, et M. de Moltke s'attend à un bouleversement, à une explosion d'un moment à l'autre.

A-t-il fait un pacte avec la fortune? Rien ne le prouve, heureusement ; car, malgré l'ardeur avec laquelle la Prusse a toujours cultivé la science militaire, elle n'a évité ni Kunersdorf[1] ni Iéna, deux

---

[1]. Les Allemands passent volontiers sous silence dans leurs ouvrages la bataille de Kunersdorf, trop peu connue aussi chez nous. C'est le 13 août 1759 que le roi de Prusse attaqua à Kunersdorf le général russe Soltikof qui avait opéré sa jonction avec le général autrichien Laudon. La journée se termina par la déroute complète de l'armée du grand Frédéric. Elle eut plus de 20 000 tués ou blessés, le nombre des prisonniers fut innombrable. Soltikof envoya à Saint-Pétersbourg 26 drapeaux et étendards. Ce désastre fut si grave qu'il aurait eu pour conséquence l'annexion de la

désastres aussi complets, à coup sûr, que Waterloo et Sedan !

Quel que soit le sort que nous réserve l'avenir, je viens de trouver partout, en parcourant toute la partie de l'Allemagne qui touche à notre frontière, la même confiance dans l'état-major allemand, jointe à la haine de la France, et au désir de la voir à jamais réduite à l'impuissance.

J'ai visité, l'un après l'autre, ces funestes champs de bataille, qui nous rappellent de si cruels et de si humiliants souvenirs. J'ai revu cette forteresse de Metz, dont la chute a été suivie d'une lutte, qui ne pouvait avoir d'autre résultat que de rendre la paix plus désastreuse.

Qui donc aujourd'hui oserait le nier et affirmer, comme alors, qu'un seul, Bazaine, ait été coupable ?

J'ai voulu en avoir le cœur net. En quittant l'Allemagne, je suis allé jusqu'en Espagne recueillir le dernier témoignage du condamné de Trianon, avant qu'il soit allé rejoindre les autres acteurs de ce drame lamentable.

Prusse orientale à la Pologne, et l'abaissement définitif du grand Frédéric, si l'impératrice Élisabeth n'était morte à temps pour permettre à Catherine II de le sauver.

Je me suis trouvé en présence d'un vieillard de près de quatre-vingts ans, cassé, affaibli, impotent, au point de ne pouvoir plus jouer aucun rôle dans les affaires de ce monde, vivant dans une pauvreté voisine de la misère, dépouillé du prix de quarante années de services et de campagnes; qui toutes furent glorieuses, sauf la dernière, où l'Empereur lui imposa l'héritage d'une situation absolument désespérée.

J'ai pensé que c'était un devoir patriotique de ne pas laisser peser sur une seule tête le poids de toutes les fautes qui ont pu être commises et d'établir le bilan exact des responsabilités, quels que puissent être ceux qui se trouveront atteints.

Je laisse le lecteur apprécier les documents que j'ai réunis et que je mets sous ses yeux.

Quant à ma sincérité, si elle avait besoin d'être établie autrement que par mon profond souci du bien de la Patrie, elle le serait amplement, dans la circonstance, par ce fait qu'il n'y a qu'une chose dont on ne puisse accuser le maréchal Bazaine, — le pauvre homme! — c'est de m'avoir acheté.

LA
LÉGENDE DE METZ

CHAPITRE PREMIER

A la frontière. — Les langues française et allemande. — Comment on écrit l'histoire. — L'incendie du château d'Heidelberg. — Les cendres du grand roi. — Première victime de la guerre. — Notre-Dame-des-Ermites. — Traité de Tolentino.

Montreux-Vieux..... 40 minutes d'arrêt... visite des bagages. Nous sommes à la douane allemande.

Nous venons de passer, il y a quelques instants, devant Belfort, et nous avons aperçu du wagon le fier et majestueux lion de Bartholdi, couché au pied des remparts.

La vaillante cité, qui a lutté si courageusement pour repousser l'ennemi, ne peut se consoler de l'avoir si près d'elle.

Mais nous ne sommes pas venus en Allemagne pour nous apitoyer sur nos défaites ; notre but est de visiter spécialement l'Alsace, Strasbourg, de nous rendre compte de l'état actuel du pays, et de voir ce que sont devenus nos vainqueurs depuis leurs conquêtes.

Refoulons donc les sentiments de pénible révolte et de chagrin qui se ravivent en nous. Notre rôle maintenant est d'ouvrir les yeux et surtout les oreilles.

Nous sommes entourés d'uniformes et de casques à pointe. Tous ces gaillards vigoureux et bien portants, dont la taille est au-dessus de la moyenne, sont rigides et sanglés dans leur tunique qui semble moulée sur leur corps. Il y a longtemps que nous avons remarqué que l'Allemand est né soldat, qu'il est fait pour porter l'uniforme.

Les employés du chemin de fer n'ont pas l'air de fonctionnaires civils, mais bien de militaires n'attendant qu'un signal pour se réunir et s'enrégimenter sous les ordres d'un chef.

Les employés supérieurs, d'une dignité, d'une correction et d'une propreté irréprochables, portent la casquette rouge à turban noir, et la tunique de l'officier. On serait en droit de les croire tels, si le collet et la casquette n'étaient agrémentés d'une roue ailée, emblème de la vitesse, dont ils sont les humbles serviteurs.

Les lampistes, les graisseurs eux-mêmes, ont le respect de leur uniforme et semblent exercer un sacerdoce.

La visite des bagages s'est faite sans mesures vexatoires ; tout le monde remonte en wagon, et le train file dans la direction de Mulhouse.

Le pays que nous traversons est propre, riant et vivant ; la campagne est verte, mais d'une de ces verdures épaisses, grasses, humides, qui rappellent les admirables pâturages de la Suisse et de l'Écosse.

Ici, pas de chaumières. De gracieuses maisonnettes, couvertes de tuiles, perdues dans des bouquets de feuillage, tapissées d'arbres fruitiers, réjouissent la vue.

Les villages, très rapprochés les uns des autres, respirent l'aisance. Une grande partie des constructions et presque toutes les églises, remises à neuf, donnent un air de richesse au véritable jardin anglais que nous traversons.

Il n'y a pas de doute ; la campagne est plus animée ici qu'en France. A notre gauche, de nombreux bateaux remontent et descendent avec une grande activité le canal ombragé d'arbres séculaires. Ces bateaux sont, en majorité, chargés de bois, de poteries et de blocs de grès rouge, de ce beau grès dont sont bâtis la plupart des monuments de la région, entre autres la cathédrale de Strasbourg.

A droite, sur une chaussée qui serpente à travers les prairies, des machines routières à vapeur traînent de nombreux chariots, pesamment chargés, et ajoutent encore à l'animation du paysage. Pas un coin de cette campagne qui ne soit cultivé avec soin.

Après un arrêt de quelques minutes à Mulhouse,

nous continuons à traverser la campagne que la nuit couvre, petit à petit, de ses ombres.

Le train fait enfin résonner les plaques métalliques tournantes qui précèdent la gare. Nous arrivons à Strasbourg.

Il y a vingt ans que nous ne sommes venu à Strasbourg. Certes, les modifications et les nombreux embellissements, dont la ville a été l'objet, sont intéressants à constater; mais ce dont nous tenons spécialement à nous rendre compte, c'est à quel point les Allemands ont germanisé la population, à quel point cette population accepte, sans regret, la nouvelle nationalité que lui a créée le sort des armes? Enfin nous voudrions découvrir si, sous les obéissances passives, sous le respect que commande le vainqueur, bouillonnent un sentiment de révolte et un sincère désir de redevenir Français !

Les Allemands sont beaucoup plus pratiques que nous, cela ne fait pas l'ombre d'un doute : ils l'ont montré à nos dépens. Nous autres, nous battant pour le plaisir de vaincre, comme disent en nous raillant les Anglais, nous ne savons pas exploiter nos victoires, qui ne compensent jamais par leurs avantages les pertes de nos défaites.

Ce côté pratique de leur nation, les Allemands en ont donné une nouvelle preuve par leur manière d'agir à l'égard de l'Alsace.

Il n'est jamais venu à la pensée des Français, pendant plus de deux siècles de possession, de victimer l'Alsace, de froisser tous ses instincts, toutes ses habitudes, de lui interdire par exemple de parler allemand, de lui imposer la langue française. Il paraît que nous avons eu tort, puisque cela a permis à nos voisins de revendiquer cette province, sous le prétexte que *tous les pays où l'on parle allemand appartiennent à l'Allemagne.*

Comme ils aiment à mettre leurs actes d'accord avec leurs paroles, — ce qui est encore un avantage qu'ils ont sur les Français, — ils n'ont pas voulu que nous fussions un jour en droit de réclamer à notre tour l'Alsace en vertu du même principe, et ils ont imposé leur langue avec toute la rigueur qu'autorise la force.

Chaque phrase, chaque mot français était d'ailleurs pour eux un reproche, après la duplicité avec laquelle, pour se faire des alliés des ennemis de l'Empire, ils avaient déclaré ne pas combattre la France, mais la dynastie impériale; puis, après la chute de cette dynastie, avaient continué de plus belle, s'acharnant contre notre malheureux pays. Ils n'ont reculé devant aucune mesure pour faire disparaître la langue française. Du reste, il se passait en Allemagne, pendant la guerre, un fait assez bizarre, presque enfantin, mais qui donne bien la mesure des sentiments dont ces gracieux voisins étaient animés à notre égard.

Beaucoup de mots de la langue allemande sont empruntés à notre vocabulaire ; beaucoup de nos expressions lui sont devenues familières. Plus les classes sont élevées, plus l'usage des mots français est fréquent. Or, pendant la guerre, il avait été établi en Allemagne, dans un grand nombre de coteries et dans presque tous les régiments que, chaque fois qu'on prononcerait un mot français, on serait obligé, non pas de donner un gage comme à pigeon vole, mais de payer une amende destinée aux blessés.

Après l'annexion, tous les marchés, négociations, rapports avec les habitants furent effectués en allemand. Les professeurs reçurent, dans les écoles, défense formelle d'enseigner le français ; les leçons particulières elles-mêmes furent interdites.

Aujourd'hui tous les enfants du peuple, tous les jeunes gens de quinze à dix-sept ans, appartenant aux classes nécessiteuses et laborieuses, ne savent pas un mot de français. Et si dans la bourgeoisie et l'aristocratie les mères n'avaient le soin de l'apprendre à leurs enfants, la génération prochaine parlerait moins français en Alsace qu'en Allemagne, où, au contraire, c'est un devoir d'apprendre la langue de cette nation ennemie, que l'on déteste, méprise, jalouse, envie, et que l'on est toujours prêt à combattre.

On avait laissé subsister jusqu'à ce jour les enseignes françaises qui figuraient à la devanture d'un grand nombre de boutiques. Il paraît que c'était encore une concession que l'on ne pouvait tolérer plus longtemps ; on lit, en effet, dans le *Gaulois* du 23 décembre 1887.

« Voici quelques renseignements sur le nouvel arrêté du statthalter, qui excite en ce moment une certaine émotion en Alsace-Lorraine.

« Samedi matin, les commissaires de police de chaque ville informaient les négociants qu'ils avaient quarante-huit heures pour remplacer, par des inscriptions en langue allemande, les étiquettes commerciales figurant soit à l'extérieur, soit à l'intérieur de leurs magasins.

« La commission centrale de Strasbourg, à laquelle plusieurs négociants de cette ville réclamèrent aussitôt un plus long délai, répondit par une fin de non-recevoir, ajoutant qu'elle avait des instructions formelles.

« En outre, il était ordonné aux commerçants de ne plus indiquer qu'en marks et pfennigs les prix de leurs marchandises, tant sur leurs étiquettes que sur leurs factures.

« De plus, un avis spécial défendait aux négociants d'employer, à l'avenir, des enseignes françaises pour les magasins ou maisons de commerce.

« Cet arrêté est même applicable aux forains, comme en témoignent les baraques installées à Strasbourg, sur le Broglie, à l'occasion des fêtes de Noël.

« Le commerce alsacien s'est contenté d'obéir sans protestation.

« Jusqu'ici, en effet, du moins à Strasbourg, la police n'a pas encore eu à dresser de procès-verbal d'infraction à cet arrêté. »

C'est appliquer une mesure politique jusque dans ses détails les plus mesquins.

Après la langue, tous les souvenirs qui pouvaient rappeler à l'Alsace ses attaches françaises, ont été supprimés. Nombre de rues ont été débaptisées. Les quartiers neufs achèvent de germaniser la ville. Et, comme il ne convenait pas de laisser subsister les témoignages qui pouvaient rappeler aux Strasbourgeois par quelles épreuves ils avaient dû passer pour devenir Allemands, toute trace de dommages constatant leur héroïque résistance a été soigneusement effacée.

Tel propriétaire, par exemple, qui, après avoir réparé sa maison, avait conservé à l'extérieur un obus que le hasard avait étrangement enchâssé entre les moellons, reçut l'injonction formelle de le faire disparaître. A plus forte raison, toute allusion, toute enseigne relative à ces mêmes événements fut interdite comme une protestation rebelle.

Si les témoignages matériels de cette funeste époque sont sévèrement prohibés, il en est de même des autres.

Il n'est pas permis d'aller prier, de s'agenouiller sur la terre qui recouvre les victimes du siège. La porte du jardin botanique, où a été élevé par les Strasbourgeois un monument commémoratif, est soigneusement fermée.

Le monument en lui-même est d'une touchante et majestueuse simplicité :

Perdu dans la verdure, se détachant en blanc sur un fond de marbre noir, le tombeau forme le centre d'une colonnade, qui l'entoure de trois côtés.

Sur le marbre noir une seule date gigantesque : **1870**, dont les deux derniers chiffres paraissent à peine, cachés qu'ils sont sous une palme de martyr ; le tout surmonté d'une étoile.

S'il entre dans la politique allemande d'effacer la trace des souffrances que la conquête impose au peuple vaincu, d'un autre côté, tout ce qui peut inspirer à leurs nationaux la haine du Français, faire naître et développer chez eux le désir de la vengeance, est cultivé avec soin. Il est curieux de voir comment on apprend l'histoire à la jeunesse des écoles.

Louis XIV était un sacripant, entouré de gredins. Napoléon Ier ne valait guère mieux qu'un bandit de grand chemin, et ainsi de suite.

Mais, si les Allemands s'efforcent de faire oublier leurs violences, — les incendies allumés, les flots de sang versés, pour assurer leur conquête, — ils ont bien soin, au contraire, de conserver tout ce qui peut rappeler d'une façon douloureuse celles des Français, et brodent même avec une véritable mauvaise foi des légendes aussi fantaisistes que mensongères.

Les armées françaises ont généralement été conduites par des chefs indignes, avides de pillage, et bien à plaindre est le peuple dont l'imprévoyance ou la faiblesse peut attirer chez soi la présence d'un pareil fléau.

De ces légendes, créées à plaisir, je ne veux citer que deux. Il est facile, à quiconque veut s'en donner la peine, de remonter à la source des autres.

Tout le monde sait que l'électeur palatin Charles-Louis ayant donné sa fille en mariage à Philippe d'Orléans, frère de Louis XIV, le roi de France s'appuya sur cette union pour inviter l'électeur à joindre ses armes aux siennes dans la guerre qu'il faisait à l'empereur Léopold.

Charles-Louis ayant refusé, une armée française, commandée par Turenne, pénétra dans le Palatinat et saccagea la contrée.

C'était un triste événement, mais ces malheurs survenant à la suite de dissentiments de famille étaient ce qu'on est convenu d'appeler de bonne guerre.

Plus tard, à la mort de Charles, fils de Charles-Louis, qui ne laissait aucun héritier mâle, Louis XIV réclama une portion de l'héritage au nom de sa belle-sœur: autre dissentiment de famille, où les intérêts des souverains étaient seuls en jeu.

Après de longues négociations, la guerre éclata de nouveau. Mélac fut envoyé avec une armée dans le Palatinat; le pillage et les dévastations recommencèrent.

Aussi a-t-on bien soin de montrer, à Heidelberg, aux nombreux visiteurs qui parcourent chaque jour les ruines imposantes du château féodal, les murs noircis par les flammes du terrible incendie allumé par Mélac après le sac du château.

La jeunesse de la célèbre Université est élevée dans l'horreur des barbares qui vinrent brûler cette merveille. J'en sais quelque chose, ayant moi-même, pendant trois ans, suivi les cours de la *Ruperto-Carola*. Ces ruines grandioses et pittoresques, qui ont plus fait pour la fortune d'Heidelberg que n'aurait pu faire le palais dans sa splendeur primitive, sont entretenues avec un soin particulier. L'on répare, il est vrai; mais on répare en remplaçant les pierres dégradées par de nouvelles, tout en laissant au monument son aspect délabré.

Il faut bien conserver aux générations futures ce témoignage accablant du vandalisme français !

Il faut entendre les ciceroni, traînant à leur suite une bande de visiteurs, répéter d'une façon presque fatigante : « Ceci a été détruit par une armée française. Cette partie a été incendiée par l'ordre du roi de France; cette autre aussi, etc., etc. » Et chaque fois que le cicerone répète sa lamentable leçon, tous les visiteurs se regardent, et il s'en faut de bien peu qu'ils ne disent tout haut : Oui, vraiment, ces Français sont de misérables vandales. Nous n'avons jamais rien fait de semblable chez eux, ni ailleurs.

Seulement, ce que les professeurs de l'Université ne disent pas, ce que les guides du château ont ordre de ne pas dire davantage, c'est que si, en effet, les armées de Turenne et de Mélac dévastèrent le Palatinat, de même que celles de l'empereur Guillaume bombardèrent, ruinèrent et brûlèrent nos villes françaises, — après ces guerres l'électeur Charles-Théodore reconstruisit le château d'Heidelberg ; et que le fameux incendie, dont on voit encore aujourd'hui les traces, fut allumé par la foudre, à laquelle, j'aime à le croire, Louis XIV, Turenne ni Mélac n'avaient pu donner d'ordre. Mais la légende est utile : elle stimule le patriotisme et entretient la haine.

Dans l'église du Saint-Esprit, qui est sur la place du marché d'Heidelberg, et qui offre cette particularité que, catholique jusqu'à midi, elle est protestante jusqu'au soir, le bedeau répète complaisamment, lui aussi, en montrant le monument, relativement moderne, du marquis de Forbin-Janson, qu'il y avait autrefois quarante corps appartenant à la famille des comtes palatins, enfermés dans la crypte ; il ajoute que, sur l'ordre de Louis XIV, les soldats de Turenne ouvrirent les cercueils et jetèrent les cendres au vent.

Je n'ai malheureusement pas de documents qui me permettent de vérifier ces assertions ; mais j'ai peine à croire qu'un pareil sacrilège ait été commis par des soldats français, et cela, sur l'ordre de Louis XIV. Mais, si vraiment le grand roi avait ordonné cette infamie, aussi odieuse qu'inutile ; si, pour satisfaire les rancunes de sa vanité, il avait poursuivi jusque dans le cercueil de ses ancêtres l'allié qui voulait se soustraire à son despotisme, le peuple français, en jetant à son tour, à Saint-Denis, ses cendres au vent, n'a fait que lui infliger une punition justement méritée.

Puisque nous sommes à Heidelberg, disons qu'à deux pas de l'église du Saint-Esprit se trouve l'hôtel Adler, tenu, en 1870, par M. Lehr, dont le fils fut à cette époque la première victime allemande tuée par un boulet français.

Ce jeune homme faisait, avec quelques compagnons, une patrouille sur le Rhin. Un boulet brisa leur embarcation et chavira tout dans le fleuve.

Lehr, retiré de l'eau mortellement blessé, mourut le 4 août. Il est enterré dans le cimetière d'Heidelberg, à quelques pas du monument élevé en mémoire de cent cinquante-huit Allemands morts des suites de leurs blessures, dans les ambulances de la ville.

Derrière la colonne commémorative, la municipalité a eu le bon goût et la délicatesse, il faut le reconnaître, d'élever également un modeste mausolée aux Français prisonniers, morts à Heidelberg.

On lit sur le soubassement :

  FABOURICHE, ERNEST
   BICHAN, LOUIS
  CHEVALIER, LOUIS
  CADON DE, ASMED OUEL
   DUPRET, PIERRE
  BERTIER, JEAN-BAPTISTE
  MOULIN, HENRY-JEAN
   LOURADOUR, JEAN
   BORDAGE, PIERRE
  BELHOMME, JEAN-FRANÇOIS

Maintenant, Français et Allemands dorment réunis en terre sainte leur dernier sommeil.

J'ai dit que je citerais deux légendes fantaisistes. Voici la seconde :

Il existe au milieu de la Suisse allemande, au delà de Zurich, et perdu dans les montagnes, un lieu de pèlerinage doublement célèbre, à cause d'une sainte fontaine à laquelle Jésus-Christ a bu, et d'une Vierge noire, miraculeuse, aux pieds de laquelle viennent se prosterner tous les ans au moins 150 000 pèlerins. Sur l'emplacement de l'ermitage de saint Meinrad, premier possesseur de cette Vierge noire, se sont élevés une somptueuse cathédrale et un non moins somptueux monastère.

Saint Meinrad, qui vivait il y a plus de mille ans, était fils de Berthold de Hohenzollern. Il avait choisi cette retraite au milieu d'une forêt, qui depuis a été en partie défrichée, pour y mener la vie d'anachorète. L'image de la Vierge miraculeuse lui avait été donnée par sainte Hildegarde, abbesse de Zurich.

Une cathédrale fut donc érigée, grandiose, pleine de richesse, et un monastère fut construit là où saint Meinrad avait rendu l'âme.

Ce monastère étant devenu le but d'un pèlerinage, qui réunissait chaque année un plus grand nombre de fidèles, Rodolphe de Habsbourg accorda à tous les abbés supérieurs la dignité de princes de l'Empire. Le monastère a pris le nom de couvent d'Einsiedeln ou de Notre-Dame-des-Ermites.

De nos jours, si étrange, si anormal que cela puisse paraître, le supérieur, l'abbé Basile, successeur immédiat du prince-abbé Henri IV, et cinquante et unième supérieur du monastère, depuis la fondation, porte encore le titre de prince.

Nombre de souverains sont venus s'agenouiller devant la Vierge noire. La reine Hortense y conduisit son fils Louis, plus tard Napoléon III, faire sa première communion.

C'est en souvenir de cette communion et de sa mère, pour laquelle l'Empereur avait conservé un véritable culte, que, devenu souverain, il fit hommage à la cathédrale d'un lustre monumental en bronze du poids de 1 200 kilos, formé de trois cercles superposés enveloppant une couronne impériale. Sur un de ces cercles, brillamment émaillé, sont reproduites les paroles de la reine Hortense dans une de ses lettres au prince-abbé :

Je désire mettre moi et mes enfants sous la protection de la sainte Vierge.

Les rois, les reines, les fidèles ont enrichi le trésor de la Vierge noire, qui était à la fin du siècle dernier, avec celui de Notre-Dame-de-Lorette, un des plus riches de la chrétienté.

Or, lorsqu'on demande à visiter ce trésor, où les objets d'art doivent avoir encore plus de valeur que les pierres qui les enrichissent, on vous répond qu'il est aujourd'hui fort modeste, ayant été pillé par les Français en 1798.

La chose peut paraître au premier abord assez probable, si l'on réfléchit qu'au traité de Tolentino, Bonaparte se fit remettre par le pape, qui eut la faiblesse d'accéder à sa demande, la toilette, la châsse, les trésors de la Vierge de Lorette ! Ce que Bonaparte recevait par traité, d'autres avaient pu le prendre par force.

Du reste, le traité que Bonaparte signa le 19 février 1797 avec le pape Pie VI est assez étrange pour que nous en disions deux mots :

C'est un des événements les plus singuliers de la vie du grand Empereur. Il se faisait, en effet, concéder par le Saint-Père, non seulement l'Apollon du Belvédère, le Laocoon, etc., etc., mais encore, je le répète, la châsse de la Vierge de Lorette, la célèbre toilette à l'embellissement de laquelle tous les souverains de l'Europe avaient, à diverses époques, magnifiquement contribué. Par ce traité, le pape cédait en outre à la France tout le territoire d'Ancône et celui de Macerata, mais la bulle qu'il *publia en cachette*, à son retour à Rome, fit penser à quelques incrédules que ce n'était pas de son plein gré.

Il fulmina l'excommunication contre tous ceux qui achèteraient des biens quelconques de l'administration française dans les Marches.

La Madone, ayant dans ses bras le *Santissimo*

Putto, — l'un et l'autre chargés de colliers de diamants et d'un nombre infini de joyaux précieux, — portait jadis la couronne composée de 3 300 diamants, que Louis XIII lui avait envoyée en acquittement d'un vœu.

Il demandait à la Vierge, avec de ferventes prières et de royales promesses, la naissance d'un fils. Le comte Antoine de Moret fut, *dit-on*, son interprète... Et Louis XIV arriva...

La Madone reçut 3 300 diamants. C'était bien payé !

Lorsque les armées françaises entrèrent à Lorette, la fameuse couronne disparut. On ne sait ce qu'elle devint, ni par qui elle fut prise. Par les Français?... Par les Italiens?... On n'en a depuis jamais eu de nouvelles

Parmi les précieuses reliques du sanctuaire, qui devinrent la propriété des Français, je ne veux pas oublier de citer la fameuse *bocetta*, ampoule sacrée qui renfermait le *han!* de saint Joseph.

Lorsque le saint, père putatif de Notre-Seigneur, fendait son bois dans son métier de charpentier, il faisait ce que font tous ses confrères : chaque coup s'appuie d'ordinaire par un élan qui est accompagné d'un *han!* C'est un de ces *han!* qu'un ange attrapa et mit en bouteille.

Qu'ont fait les armées républicaines de ce très saint *fiascone ?*

Mais, pour en revenir au trésor de Notre-Dame-des-Ermites, il paraît qu'en 1793 l'archevêque de Paris, accompagné d'un nombreux cortège d'eccclésiastiques fugitifs, s'étant arrêté à Einsiedeln et ayant raconté toutes les horreurs qui se passaient à Paris, l'abbé Conrad IV crut prudent d'aider la Vierge noire à protéger son trésor. Toutes les richesses furent expédiées en Amérique, vendues et converties en propriétés foncières, d'une étendue considérable, que possède encore aujourd'hui le monastère.

Faut-il admettre que les Pères, bénéficiant d'un mensonge qu'ils avaient intérêt à accréditer, aient voulu réparer, jusqu'à un certain point, le préjudice qu'ils portaient sciemment à l'armée française? Toujours est-il que, lorsque les soldats de l'héroïque Bourbaki furent obligés de se jeter dans la Suisse allemande, personne n'accueillit plus généreusement et ne soigna plus humainement nos malheureux compatriotes que les habitants de Notre-Dame-des-Ermites.

Quatre des nôtres sont morts de leurs blessures et reposent sous ce sol hospitalier. On peut lire, en effet, sur la base d'une petite pyramide placée dans le cimetière qui avoisine l'abbaye :

AUX QUATRE SOLDATS
DE L'ARMÉE DE BOURBAKI
DÉCÉDÉS A EINSIEDELN
1871.
LA POPULATION D'EINSIEDELN.

GRAND JEAN † 6 MARS 1871
ÉON JEAN † 10 MARS 1871
ROUGUES LÉONARD † 19 MARS 1871
FOULON JEAN † 19 MARS 1871

Sur ce coin de terre loin de la patrie, où reposent quatre des nôtres, une main inconnue a déposé une couronne sur laquelle est tracé en lettres de perles :

UNE FRANÇAISE
A SES VAILLANTS COMPATRIOTES

Quoi de plus touchant que la pensée qui a inspiré ces pieux hommages ?

Merci à la Française, quelle qu'elle soit, qui s'est souvenue de ses frères et a honoré leur courage malheureux !

CHAPITRE II

Kléber. — Un corps de garde. — L'enterrement d'un uhlan. — Un régiment qui passe. — Le prestige de l'épaulette. — L'Église et l'armée. — L'équipée de Strasbourg. — Une lettre à la reine Hortense. — Les instructions de l'*Andromède*. — Louis Bonaparte explique sa conduite.

Les Allemands ont prohibé les noms français avec tant de rigueur en Alsace-Lorraine, qu'il faut, dans certains cas, se livrer à une étude spéciale, afin de pouvoir les comprendre : *Thionville* est devenu : *Didenhofen* ; *Sainte-Marie-aux-Mines*, *Markirch* ; *Montreux-Vieux*, *Alt-Munsteroll* ; *Saint-Hippolyte*, *St-Pilt* ; *Ribeauvillé*, *Rappoltsweiler*, et ainsi de suite.

L'on n'a pas toutefois débaptisé à Strasbourg la place Kléber. Faut-il admettre que c'est en raison du jugement que Las Cases portait sur ce général dans le *Mémorial de Sainte-Hélène*?

« En effet, a-t-il écrit, Kléber était un homme superbe, mais de manières brutales; il avait passé ses premières années dans l'armée prussienne ; on pouvait le prendre pour un pur Allemand. »

Il ajoute : « L'Empereur répétait jusqu'à satiété que l'Égypte devait demeurer à la France, et qu'elle y fût infailliblement demeurée, si elle eût été défendue par Kléber ou Desaix. C'étaient ses deux lieutenants les plus distingués, disait-il ; tous deux d'un grand et rare mérite, quoique d'un caractère et de dispositions bien différentes. On en trouvera les portraits dans les *Mémoires de la campagne d'Égypte*.

« *Kléber* était le talent de la nature : celui de *Desaix* était entièrement celui de l'éducation et du travail. Le génie de Kléber ne jaillissait que par moments, quand il était réveillé par l'importance de l'occasion, et il se rendormait aussitôt après au sein de la mollesse et des plaisirs. Le talent de Desaix était de tous les instants ; il ne vivait, ne respirait que l'ambition noble et la véritable gloire : c'était un caractère tout à fait antique. L'Empereur dit que sa mort a été la plus grande perte qu'il ait pu faire ; leur conformité d'éducation et de principes eussent fait qu'ils se seraient toujours entendus. Desaix se serait contenté du second rang, et fût toujours demeuré dévoué et fidèle. S'il n'eût pas été tué à Marengo, le Premier Consul lui eût donné l'armée d'Allemagne, au lieu de la continuer à Moreau.

« Du reste, une circonstance bien extraordinaire dans la destinée de ces deux lieutenants de Napoléon, c'est que le même jour et à la même heure où Kléber périssait assassiné au Caire, Desaix tombait à Marengo d'un coup de canon. »

Kléber, ce vaillant général, qui eut, dit-on, — malgré ce qu'en dit Las Cases, — l'honneur d'inspirer de la jalousie à Bonaparte, est né à Strasbourg, le 6 mars 1753.

Sa dépouille mortelle, rapportée du Caire, repose sous le monument élevé à sa mémoire sur la place qui porte encore son nom.

On lit sur le piédestal de sa statue :

A
KLÉBER,
SES FRÈRES D'ARMES,
SES CONCITOYENS,
LA PATRIE, 1840.
ICI REPOSENT SES CENDRES.

Le général est représenté debout, dans une attitude fière et martiale. On éprouve un sentiment pénible en voyant ce héros français dominer d'un air vainqueur tous les casques pointus qui grouillent au-dessous de lui.

C'est encore sur cette place, au coin de la grande rue, que se trouve le corps de garde central le plus important de la ville. Il est ménagé au rez-de-chaussée d'un grand corps de bâtiment, élevé sur l'emplacement d'un couvent dont la place actuelle était le cimetière.

Ce monument, qui sert à divers usages municipaux, — Conservatoire de musique, etc., — a dû être reconstruit presque en totalité, après le bombardement, ainsi que la majeure partie des monuments de la ville. La façade en grès rouge est entièrement neuve.

Devant le corps de garde, fichées et scellées sur le pavage, sont placées en alignement et à égale distance un certain nombre de barres de fer, terminées par une fourche. C'est contre ces fourches que les soldats faisant partie du poste appuient leurs fusils. A la dernière est suspendu le tambour.

Cette façon de placer ses fusils, l'obligation où est le public de passer de tout temps à une distance respectueuse de la sentinelle sans la frôler, la coudoyer, comme nous le faisons journellement chez nous, est un détail ; mais n'est-ce pas un témoignage matériel bien saisissant de la différence qui existe entre les deux peuples dans la manière d'envisager leurs armées!

Cet état de choses a un autre avantage : que le poste soit obligé de prendre les armes, aussitôt chaque homme est aligné, son fusil devant lui.

Chez nous, la même opération ne se fait pas si facilement : les hommes se précipitent pêle-mêle dans le corps de garde ; c'est à qui bousculera l'autre, afin de prendre au plus vite son fusil au râtelier. On se bouscule de nouveau vers la porte de sortie, toujours trop étroite pour laisser passer plus de deux hommes de front. Et enfin, quand les soldats sont alignés, pour une manœuvre aussi simple, on a perdu plusieurs minutes.

Le temps joue un grand rôle dans les questions militaires. Gagner deux minutes, deux heures, deux jours selon l'importance des mouvements, c'est un grand mérite. A la guerre, celui qui est le plus tôt prêt est généralement le vainqueur.

Du corps de garde, notre attention s'est portée sur un enterrement militaire qui défilait par la grande rue. On enterrait un uhlan.

Un char d'une élégante simplicité, dépourvu des draperies dont nous faisons généralement abus dans nos mascarades mortuaires, est traîné par des chevaux tenus en main par des uhlans, le vulgaire croque-mort cédant ici sa place au soldat ; sur le cercueil, en chêne poli, qu'aucun drap ne recouvre, sont placées la tunique et les épaulettes du défunt. Des camarades marchent à droite et à gauche du char funèbre, que suivent immédiatement une femme en deuil et un pasteur protestant. Viennent après deux officiers, puis, à une certaine distance, une troupe de deux cent cinquante à trois cents hommes en grande tenue, marchant au pas à volonté ; le bras gauche allongé et tenant leur sabre au fourreau horizontalement, formant ainsi une ligne de fer assez imposante.

C'est le convoi d'un simple sous-officier du 1er régiment de Schleswig-Holstein, numéro 15, le plus noble des régiments de l'armée allemande, dont tous les officiers sont au moins comtes ou barons. Et la façon dont on enterre ce modeste soldat ne manque pas de grandeur.

J'aurais voulu pouvoir établir un parallèle avec le

convoi funèbre d'un de nos sergents ; mais, je ne sais à quoi cela tient, à part des colonels, des généraux, des maréchaux, à part des officiers enfin, je ne me souviens pas, à quelque époque que ce soit, excepté en temps de guerre, d'avoir vu enterrer militairement soit un sous-officier, soit un simple soldat.

Le cortège vient à peine de disparaître que par une autre rue débouche, musique en tête, le 25e d'infanterie Prusse rhénane.

Un majestueux tambour-major rappelle, par sa taille et sa brillante tenue, l'époque où les colonels, sachant plaire à Napoléon Ier, mettaient de la coquetterie à faire précéder leurs régiments de géants chamarrés d'or et de broderies, généralement si infatués de leur majesté que, la tradition s'étant conservée, les derniers survivants croyaient devoir, dit-on, se baisser pour passer sous l'Arc de Triomphe.

Le grand bonnet à poil et le panache tricolore, démesurément élevé, produisaient un effet d'optique qui donnait à leur taille des proportions véritablement gigantesques.

Les régiments avaient, eux aussi, leur coquetterie, leur fierté : ils étaient glorieux de leur tambour-major ; et si enfantin que puisse paraître, au premier abord, ce sentiment, que l'on étendait à tous les détails, il avait néanmoins son importance. Napoléon Ier, qui savait si bien exploiter tous les petits côtés du cœur humain, entretenait et flattait la vanité de chaque régiment en lui laissant croire qu'il était le premier de son arme.

Les Allemands sont trop militaires pour ne pas avoir compris le mobile qui guidait Napoléon, et qui avait pour but non seulement de fortifier le moral de ses hommes, mais encore de les enorgueillir de leur servitude.

Aussi, dans toute circonstance, le militaire, en Allemagne, a-t-il le pas sur le civil; et la situation des officiers diffère-t-elle étrangement de la situation faite aux nôtres.

Être officier chez nous, c'est une position très honorable et qui permet de se faire tuer, pour très peu d'argent. Mais cette position toutefois n'est pas aussi enviée qu'elle pourrait et devrait l'être. Je ne puis en donner une meilleure preuve que le nombre considérable de jeunes sous-officiers qui, en se réengageant, parviendraient facilement à l'épaulette, mais préfèrent accepter des emplois civils, assez infimes, qui les classent dans un tout autre monde que celui auquel l'épaulette d'or donne accès.

En Allemagne, il est loin d'en être ainsi. Être officier est le comble des vœux de tout jeune homme, et le gouvernement s'entend à merveille à développer, à fortifier cette ambition, en créant à ces jeunes gens une situation exceptionnelle de respect et d'autorité.

Toute jeune fille, toute blonde allemande, a rêvé

d'être unie à un de ces hommes, triés sur le volet, que la nature semble avoir comblés de ses dons, et que la patrie honore comme ses enfants privilégiés, comme ses défenseurs.

Aussi toutes les dots sont-elles à la disposition de ces heureux gaillards, qui n'ont que l'embarras du choix parmi les plus belles et les plus riches.

Être madame la capitaine ou madame la lieutenante! que ne ferait-on pour cela? Il y a loin de là à la dot réglementaire qu'on exige de la compagne de nos vaillants soldats.

Mais courons après notre régiment, qui a continué à marcher pendant notre digression.

Les hommes sont en pantalon d'une blancheur immaculée; leur tenue est irréprochable; les officiers semblent se rendre à une revue de gala. Et, puisque je veux m'efforcer de dire la vérité, ou tout au moins ce que je crois tel, je dois avouer qu'il y a bien longtemps que je n'ai vu défiler en France un régiment d'une tenue aussi parfaite dans son ensemble et dans ses détails.

Nos antiques chapeaux chinois, aux nombreuses clochettes; nos divers instruments de musique, qui réjouissaient l'œil plus qu'ils n'étaient utiles, maintenant bannis de nos musiques militaires, sont plus honorés que jamais chez les Allemands. Ils y ont ajouté : des plaques de métal suspendues à des hampes, ornées de queues de cheval, des grandes lyres — lyres d'Orphée — en cuivre poli, éblouissantes au soleil, et d'autres instruments encore, qui donnent à l'orchestre un aspect de richesse étrange et de gaîté qui impressionne, intéresse et réjouit.

Dans ce pays militaire où tout est hiérarchie et respect des supérieurs, non seulement l'église n'est pas interdite à l'armée, mais c'est au contraire pour elle une obligation de s'y rendre. On veut que le soldat vienne s'agenouiller devant le Chef suprême, le grand Dispensateur de cette autorité à laquelle il doit obéir aveuglément. Quand le soldat, qui est un homme comme un autre, s'habitue à s'humilier devant une puissance dont son bon sens lui fait reconnaître la grandeur et la majesté, il se soumet plus facilement aux rigueurs de la discipline militaire et au respect dû à ses chefs. Sans ce respect absolu, sans la confiance réciproque entre l'officier et le soldat, une armée ne saurait être victorieuse.

Grâce à ces sentiments, on ne voit pas, à la première défaite, les hommes se tourner contre leurs officiers, perdre courage et se sauver en s'écriant : « Nous sommes trahis ! »

J'ai, du reste, remarqué qu'on ne pousse généralement ce cri que lorsque la partie devient trop chaude et qu'on n'est pas fâché de se créer un prétexte pour..... *prendre l'air*.

Le dimanche, l'église essentiellement militaire, celle de Saint-Thomas, où est enterré le maréchal de Saxe, est donc remplie d'uniformes.

Le célèbre tombeau du vainqueur de Fontenoy occupe tout le fond du chœur. C'est, sans conteste, un des plus beaux chefs-d'œuvre de sculpture.

La décoration intérieure de Saint-Thomas, d'une sobriété toute protestante, augmente encore l'effet imposant de cette masse de marbre blanc, sur laquelle se détache la figure du maréchal descendant dans son tombeau, malgré la France éplorée qui voudrait l'empêcher de franchir la dernière marche, et malgré la Mort qui découvre le cercueil du côté opposé à celui où le maréchal se présente. C'est d'un effet assez bizarre; mais l'artiste a dû évidemment sacrifier la logique à l'harmonie de sa composition.

Le gardien de l'église de Saint-Thomas, qui nous a accompagné pendant notre visite, se pliant, lui aussi, à sa consigne, nous a tout le temps adressé la parole en allemand. Au moment où nous allions franchir le seuil de l'église, puisant dans notre bourse et nous retournant pour jeter un dernier coup d'œil sur le monument du maréchal, le gardien, qui voulait sans doute se créer un titre à notre bienveillance et surtout à notre générosité, nous dit, en bon français cette fois, mais en baissant la voix :

« C'était un autre gaillard que Bazaine, celui-là! Victorieux partout! »

C'est une phrase toute faite, à l'intention des Français, et à laquelle ils répondent par des espèces sonnantes.

En nous rendant à l'arsenal, nous avons visité, rue

des Orphelins, la maison n° 23, qu'habitait, en 1836, le colonel Vaudrey, chez lequel le prince Louis-Napoléon reçut l'hospitalité, lors de son équipée de Strasbourg. C'est dans cette maison qu'il revêtit l'uniforme de colonel d'artillerie, avec lequel il devait se présenter devant les troupes : habit bleu, collet et passepoils rouges, épaulettes de colonel. Le prince portait les insignes de la Légion d'honneur, le chapeau d'état-major, du modèle admis dans l'armée, et un sabre droit de grosse cavalerie.

Ses ennemis, bien entendu, dénaturèrent les choses, et prétendirent qu'il s'était déguisé en... Napoléon Ier.

N'ayant pas réussi, l'entreprise devint naturellement criminelle. Néanmoins il s'en fallut de bien peu que le futur Napoléon III n'arrivât, dès cette époque, triomphalement à Paris. Le moment était bien choisi : c'était le moment psychologique.

Parti de Fribourg le 28 octobre au matin, traversant Neuf-Brisach, Colmar, etc., dans sa chaise de poste, attelée de quatre chevaux, il arrivait à Strasbourg à 10 heures du soir. Le lendemain 29, il recevait clandestinement un certain nombre d'officiers de la garnison, et leur parlait en ces termes :

« Messieurs,

« Vous connaissez tous les griefs de la nation envers le gouvernement du 9 août; mais vous savez aussi qu'aucun parti existant aujourd'hui n'est assez fort pour le renverser, aucun assez puissant pour réunir tous les Français, si l'un d'eux parvenait à s'emparer du pouvoir. Cette faiblesse des partis vient de ce que chacun d'eux ne représente les intérêts que d'une seule classe de la société. Les uns s'appuient sur le clergé et la noblesse, les autres sur l'aristocratie bourgeoise, d'autres enfin sur les prolétaires seuls. Dans cet état de choses, il n'y a qu'un seul drapeau qui puisse rallier tous les partis, parce qu'il est le drapeau de la France et non celui d'une portion ; c'est l'aigle de l'Empire. Sous cette bannière qui rappelle tant de souvenirs glorieux, il n'y a aucune classe qui puisse être expulsée ; elle représente les intérêts et les droits de tous. L'empereur Napoléon tenait son pouvoir du peuple français ; quatre fois son autorité reçut la sanction populaire. En 1804, l'hérédité dans la famille de l'Empereur fut reconnue par quatre millions de votes ; depuis, le peuple n'a plus été consulté. Comme l'aîné des neveux de la famille impériale, je puis donc me considérer comme l'un des représentants de l'élection populaire, je ne dirai pas de l'Empire, parce que depuis vingt ans les idées, les besoins de la France ont dû changer ; mais un principe ne peut pas être annulé par des faits; il ne peut l'être que par un autre principe. Or ce ne sont pas les douze cent mille étrangers de 1815, ce n'est pas la Chambre des 219 de 1830 qui peuvent rendre nul le principe de l'élection populaire de 1804.

« Le système napoléonien consiste à faire marcher la civilisation sans désordre et sans excès, à donner l'élan aux idées, tout en développant les intérêts matériels, à raffermir le pouvoir en le rendant responsable, à discipliner les masses d'après les facultés intellectuelles, enfin à réunir autour de l'autel de la Patrie les Français de tous les partis, en leur donnant pour mobile l'honneur et la gloire. Remettons le peuple dans ses droits, l'aigle sur nos drapeaux et la stabilité dans nos institutions.

« Eh quoi, les princes de droit divin trouvent bien des hommes qui meurent pour eux, dans le but de rétablir des abus et des privilèges, et moi, dont le nom représente la gloire, l'honneur, les droits du peuple français, mourrai-je donc seul dans l'exil ! »

Un mensonge habilement répandu parmi les soldats, faisant passer le prince pour un imposteur, pour le propre neveu du colonel Vaudrey, fit tout manquer. Ce mensonge était inepte, mais tout à fait à la portée du raisonnement des masses.

Le prince fut arrêté à la caserne de Finckmatt, et aussitôt mis en prison.

Voici la première lettre qu'il adressa à la reine Hortense, sa mère :

« Strasbourg, 1er novembre 1836.

« Ma chère mère,

« Vous avez dû être bien inquiète de ne pas recevoir de mes nouvelles, vous qui me croyiez chez ma cousine ; mais votre inquiétude redoublera, lorsque vous apprendrez que j'ai tenté à Strasbourg un mouvement qui a échoué. Je suis en prison, ainsi que d'autres officiers : c'est pour eux seuls que je suis en peine ; car moi, en commençant une telle entreprise, j'étais préparé à tout. Ne pleurez pas, ma mère ; je suis victime d'une belle cause, d'une cause toute française ; plus tard on me rendra justice, et l'on me plaindra.

« Hier dimanche, à six heures, je me suis présenté devant le 4ᵉ d'artillerie, qui m'a reçu aux cris de : *Vive l'Empereur!* Nous avions détaché du monde. Le 46ᵉ a résisté ; nous nous sommes trouvés pris dans la cour de la caserne. Heureusement il n'y a pas eu de sang français répandu : c'est ma consolation dans mon malheur ! Courage, ma mère ; je saurai soutenir jusqu'au bout l'honneur du nom que je porte.

« M. Parquin est aussi arrêté. Faites copier cette lettre pour mon père, et contribuez à calmer son inquiétude. Charles a demandé à partager ma captivité ; on le lui a accordé. Adieu, ma chère mère, ne vous attendrissez pas inutilement sur mon sort. La vie est peu de chose, l'honneur et la France sont tout pour moi.

« Recevez l'assurance de mon sincère attachement ; je vous embrasse de tout mon cœur.

« Votre tendre et respectueux fils

« NAPOLÉON-LOUIS BONAPARTE. »

Dirigé sur Paris, où il ne resta que deux heures, tant le gouvernement se sentait faible et redoutait sa présence, le prince fut de nouveau incarcéré pendant quelques jours dans la forteresse de Port-Louis, puis embarqué à bord de l'*Andromède*.

Le commandant de l'*Andromède* avait reçu, en même temps que le prisonnier, des ordres cachetés, qu'il ne devait ouvrir qu'en passant le 32ᵉ degré de latitude. Ces ordres lui enjoignaient de se rendre à Rio-de-Janeiro, d'y retenir le prince prisonnier à bord tout le temps que la frégate resterait en rade, de ne permettre aucune communication avec la terre ferme, et de faire voile pour les États-Unis après être resté quelque temps au Brésil.

La frégate n'ayant aucune mission à remplir à Rio-de-Janeiro, il est clair que ces dispositions du gouvernement étaient prises sous l'empire de deux craintes également puissantes : celle de retenir le prince en France, et celle de le laisser libre avant la fin du procès.

Mais le bon, le magnanime Louis-Philippe cacha à tout le monde, même à la reine Hortense, la véritable destination de l'*Andromède*, sans s'inquiéter des alarmes qu'il allait causer à tant de familles. On savait en France que l'*Andromède* était partie pour les États-Unis ; et comme on resta quatre mois sans nouvelles, qu'il y avait eu de violentes tempêtes, on la croyait perdue corps et biens.

De New-York, le 30 avril 1837, le futur Napoléon III écrivait à M. Odilon Barrot :

« New-York, 30 avril 1837.

« Monsieur Odilon Barrot,

« Maintenant je vous dois une explication des motifs qui m'ont fait agir.

« J'avais, il est vrai, deux lignes de conduite à suivre : l'une qui, en quelque sorte, dépendait de moi ; l'autre, des événements. En choisissant la première, j'étais, comme vous le dites fort bien, un moyen ; en attendant la seconde, je n'étais qu'une ressource. D'après mes idées, ma conviction, le premier rôle me semblait bien préférable au second. Le succès de mon entreprise m'offrait les avantages suivants : je faisais, par un coup de main, en un jour, l'ouvrage de dix années ; peut-être, réussissant, j'épargnais à la France les luttes, *les troubles, les désordres d'un bouleversement qui arrivera, je crois, tôt ou tard.* L'esprit d'une révolution, dit M. Thiers, se compose de passions pour le but, et de haine pour ceux qui lui font obstacle ; ayant entraîné le peuple par l'armée, nous aurions eu les nobles passions sans la haine ; car la haine ne naît que de la lutte entre la force physique et la force morale. Personnellement, ensuite, ma position était claire, nette, partant facile. Faisant une révolution avec quinze personnes, si j'arrivais à Paris, je ne devais ma réussite qu'au peuple, et non à un parti ; arrivant en vainqueur, je déposais de plein gré, sans y être forcé, mon épée sur l'autel de la patrie ; on pouvait alors avoir foi en moi, car ce n'était plus seulement mon nom, c'était ma personne qui devenait une garantie. Dans le cas contraire, je ne pouvais être appelé que par une fraction du peuple, et j'avais pour ennemis, non un gouvernement débile, mais une foule d'autres partis, *eux aussi peut-être nationaux.*

« D'ailleurs, empêcher l'anarchie est plus facile que de la réprimer ; diriger les masses est plus facile que de suivre leurs passions. Arrivant comme ressource, je n'étais qu'un drapeau de plus jeté dans la mêlée, dont l'influence, immense dans l'agression, eût peut-être été impuissante pour rallier. Enfin, dans le premier cas, j'étais au gouvernail, sur un vaisseau qui n'a qu'une seule résistance à vaincre ; dans le second cas, au contraire, j'étais sur un navire battu par tous les vents, et qui, au milieu de l'orage, ne sait quelle route il doit suivre. Il est vrai qu'autant la réussite de ce premier plan m'offrait d'avantages, autant le non-succès prêtait au blâme. Mais, en entrant en France, je n'ai pas pensé au rôle que me ferait une défaite ; je comptais, en cas de malheur, sur mes proclamations *comme testament, et sur la mort comme un bienfait.*

« Telle était ma manière de voir...

« Croyez, etc.

« NAPOLÉON-LOUIS-BONAPARTE. »

J'ai dans mes archives tout un dossier sur le prince

Louis-Napoléon, provenant du baron Mounier, pair de France, l'un de ceux qui le jugèrent après sa seconde tentative à Boulogne. J'en extrais un document qui me semble intéressant.

Je reproduis également, dans le chapitre suivant, quelques pages du journal du baron Mounier.

N'étant pas destinées à la publicité, ces pages sont écrites avec un abandon et une familiarité que je tiens à leur conserver. Ne doutant pas que le lecteur ne soit de mon avis, et qu'il n'apprécie comme il convient ces dessous inédits de l'histoire, je les lui livre dans toute leur simplicité.

CHAPITRE III

Jeunesse de Napoléon III. — Bonté et bienfaisance de la duchesse de Saint-Leu. — De loin c'est quelque chose et de près ce n'est rien. — Quel devrait être le jugement de la Chambre des pairs? — Montholon. — Bombardement de Strasbourg. — Français de cœur. — Un nouveau Palais impérial. — Les Allemands sont prêts.

NOTES

SUR

LE CARACTÈRE DE LOUIS-NAPOLÉON BONAPARTE

« 2 octobre 1840.

« *Louis-Napoléon Bonaparte* a vécu jusqu'en 1830 paisiblement avec sa mère, en été à *Arenenberg*, canton de Thurgovie (Suisse), en hiver en Italie, où il rencontrait son frère aîné et quelquefois son père.

« Je me suis trouvé, par un bien étrange hasard, passer la semaine même de la révolution de juillet 1830 (c'est-à-dire celle où on l'a apprise en Suisse, du 29 juillet au 6 août) chez la duchesse de Saint-Leu, qui avait bien voulu reporter sur moi quelque chose de l'affection qu'elle et déjà sa mère avaient eu pour mon père. Les ordonnances venaient d'arriver à Arenenberg au moment où j'y entrai moi-même, venant de Constance et allant à Shaffhausen. La duchesse n'en avait pas été assez préoccupée pour interrompre le portrait du vieux vicomte de G. B., auquel elle travaillait.

« La série des événements gigantesques qui ont suivi les ordonnances se déroula successivement pendant mon séjour à Arenenberg, et je dois affirmer que la duchesse n'en témoigna jamais que de l'effroi : il semblait qu'elle pressentît que des combinaisons auxquelles ce bouleversement allait donner lieu naîtrait pour elle un nouvel orage. Jamais un mot ni un geste n'indiqua le plus léger désir de voir ces circonstances la rapprocher d'un trône quelconque, et pas davantage ses fils. Elle accueillit avec joie la lieutenance générale du duc d'Orléans, et annonça l'espoir de le voir roi.

« *M. Pasquier*, qui était dans le voisinage, comme propriétaire à cette époque du château de *Walsberg*, ne me parut préoccupé des événements que relativement à la chance qu'ils lui offraient de rentrer au service de la France.

« Il partit peu après dans ce but.

« La duchesse, il m'en souvient, n'exprima, et encore vaguement, qu'un vœu : celui que cette révolution rouvrît les portes de la France à ses enfants, qui en étaient à jamais bannis sans qu'il y eût de leur faute, et qui ne demandaient que d'y rentrer pour la servir. Ce vœu était légitime.

« A l'époque mémorable mentionnée ci-dessus, Louis-Napoléon n'était pas auprès de sa mère. Il était à l'école de Thun, canton de Berne, comme aspirant, c'est-à-dire futur officier d'artillerie. Je l'y vis à mon retour, le 11 août, et je le trouvai à cette époque encore complètement écolier et simple aspirant. Il continuait à donner des coups de pioche le matin et des coups de crayon le soir, comme s'il ne se fût rien passé dans le monde qui pût influer sur sa destinée future.

« L'hiver suivant l'ayant conduit en Italie, là survinrent les événements graves que l'histoire a enregistrés et dont je n'ai rien autre à dire ici, si ce n'est que probablement la fermentation italienne, dont Louis-Napoléon fut entouré, lui a donné à cette époque sa première prétention à l'Empire français.

« Je le revis à Zurich, en 1834, pendant la diète fédérale et pendant un grand tir populaire, prétexte et même cause réelle d'agitation. Il se tint en arrière avec assez de tact. Il est vrai qu'alors l'idée, qu'il eût la prétention de jouer par lui-même un rôle important, nous aurait paru la plus imprévue folie.

« En 1835, la duchesse de Saint-Leu et son fils vinrent passer l'hiver entier à Genève. Louis-Napoléon y fut parfaitement inoffensif, chercha, dans le commencement surtout, à voir les hommes éminents sans distinction de couleur quelconques (*MM. de Candolle*,

Sismondi, de Château-Maurice, etc.) et sans que je veuille garantir l'emploi de toutes ses heures, tant y a t-il que la police n'eut quoi que ce soit à savoir.

« La duchesse, pour sa part, fut parfaite. Elle se trouva là au moment d'un grand bazar ouvert pour secourir une déplorable infortune (l'inondation du Rhin). Non seulement elle fit des emplettes considérables par pure bienfaisance, mais elle fit beaucoup d'ouvrage de sa propre main pour augmenter les objets de vente. Aussi, lorsqu'elle quitta une ville défiante et sévère, où elle avait été accueillie avec prévention, on peut dire qu'elle emporta des regrets et des éloges universels.

« C'est une des choses que je tenais le plus à consigner ici. De ces occasions nouvelles de voir Louis-Napoléon il est résulté chez tous ceux qui ont été dans ce cas, mais chez moi en particulier, l'impossibilité de le prendre au sérieux comme un prétendant et un danger. Je me permettrai même de répéter ici textuellement les paroles dont je me suis servi dans les discussions solennelles auxquelles il donna lieu, lorsque en 1838 la Suisse crut devoir défendre à son occasion un principe (mal compris peut-être) de droit international, et protester contre des formes qui s'éloignaient de celles auxquelles la France l'avait accoutumée.

« Ce jeune homme rappelle exactement la fable des bâtons flottants sur l'onde : *de loin c'est quelque chose,*
« dit La Fontaine, *et de près ce n'est rien.* Agent invo-
« lontaire de sa destinée, il est rongé par la fatalité de

« sa naissance, comme Prométhée l'était par le vau-
« tour attaché à son foie. Son nom terrible de *Napoléon*
« *Bonaparte* le pousse toujours en avant, malgré lui.
« Il croit voir l'ombre de son oncle qui lui tient l'épée
« dans les reins et lui crie sans cesse : *Lève-toi et mar-*
« *che !* »

« L'impossibilité où il était de revoir légalement la
France, qui ne peut pas lui en vouloir de la préférer
au reste du monde, ne lui laisse d'autre issue que
d'y rentrer à force ouverte. *Il se fait Empereur par
pis aller.*

« S'il est vrai qu'après la révolution de Juillet il ait
écrit au Roi pour réclamer la cessation d'un exil
éternel qu'il n'avait encore point mérité, et l'honneur
de servir comme officier dans les troupes françaises,
il faut convenir qu'après un refus, sa position devenait affreuse, provocatrice et que dès lors elle est
devenue atténuante.

« Mais cela dit — la reprise à Boulogne *de la Parade
de l'invasion armée de la France par un Empereur inconnu et sans mérite à la tête de ses valets* joignait, après
l'amnistie de Strasbourg, le mérite de l'ingratitude à
celui de la démence la plus pitoyable. Tout ce que Louis-
Napoléon a fait, écrit et dit à Boulogne porte le cachet
de cet enfantillage vaniteux, de cette présomption
creuse et aveugle qui prend la forme pour la réalité,
les paragraphes d'ordre du jour pour des paroles de
quelque valeur, et des étalages sur un papier docile

de chevaux imaginaires pour des moyens réels d'action. Parce qu'il a imité l'épiderme de l'Empereur, ses gestes, ses phrases, il a cru avoir absorbé l'essence intime de son génie dominateur. Il a joué à l'Empire comme une petite fille à la madame.

« *Ce double caractère d'agent aveugle d'une espèce de gravitation morale et de personnage d'une comédie sans réalité aucune, me l'a montré parfaitement conforme au jeune homme que j'avais connu sans moyens énergiques et sans pensées profondes, mais capable de tirer de ses études et de sa vie d'apprenti soldat une couche d'idées superficielles et pour ainsi dire mécaniques qu'il prend pour le résumé sérieux et fécond de ces mêmes études, et qui lui cachent le vide absolu de sa tête.*

« Il était fait plus qu'un autre pour que des flatteurs intéressés pussent lui faire croire sérieusement que dans son talent à fixer sur le papier des chiffres de solde et d'indemnité, à ordonner des levées de chevaux et leur distribution, en un mot à faire *ce petit ménage matériel de l'homme puissant*, il aurait un levier suffisant pour remuer le monde. Il ressemble à un cuisinier qui croirait qu'il lui suffit de compter ses casseroles, de les mettre en ordre, de les rendre brillantes pour bien nourrir ceux dont il tient à mériter l'approbation.

« Ils n'oublient tous deux que le *feu*, le seul principe de la *vie* comme de la *gloire*.

« Maintenant je ne voudrais pas terminer cet aperçu

du caractère de Louis Napoléon, que j'ai cru pouvoir être utile pour faire apprécier sa conduite, sans arriver cependant à une espèce de conclusion. Je ne puis guère la formuler que sous la forme d'une espèce de plaisanterie, et dans une question grave ce serait peu convenable sans doute. Je demande cependant qu'on veuille bien lire jusqu'au bout et ne juger qu'après.

« Je suppose donc que la chambre des pairs *pût* et *dût* porter de l'affaire de Louis Napoléon le jugement suivant :

« La Cour..... *Considérant les preuves incontestables d'enfantillage prolongé, d'incapacité réelle et de manque total de jugement qu'a données Louis Napoléon à diverses reprises;*

« *Voulant n'attribuer qu'à l'influence despotique de ses défauts ce qui aurait pu paraître des actes de la plus ingrate déloyauté et de l'absence de tout sens moral :*

« Condamne Louis Napoléon *à être regardé le reste de ses jours comme un homme nul et inoffensif, et indigne d'être jamais craint comme prétendant et conspirateur le moins du monde dangereux.*

« *Mais en outre, prenant en considération les services que la France a pu recevoir de son oncle Napoléon et les études qu'a pu faire l'inculpé;*

« *Après la retraite plus ou moins longue dans une maison de santé ou d'éducation, nécessaire pour mûrir la raison dudit et compléter ses études... Elle sollicitera, si la conduite du pensionnaire l'en rend digne, le gouvernement du Roi pour qu'il veuille bien le nommer sous-lieutenant d'artillerie ou sous-préfet à Beaugency, Pontoise ou autre lieu de cette importance.*

« PICTET DE SERGY. »

Tel est le jugement que l'on portait en 1840 sur celui qui, peu après, devait être Empereur des Français et, pendant de longues années, l'arbitre de l'Europe.

FRAGMENT

DU

JOURNAL DE M. LE BARON MOUNIER, PAIR DE FRANCE

PROCÈS DE LOUIS NAPOLÉON

« La Cour était convoquée au 15 septembre — mardi — pour statuer sur l'acceptation. Je suis parti par la malle-poste du 14 — de Vesoul — à dix heures du soir, et ne suis arrivé à Paris qu'à cinq heures du matin le mercredi 16. J'aurais cru que la séance du mardi serait remplie par les préliminaires, lecture du rapport, etc. Mais on avait eu le temps de commencer la délibération, et l'accusation du Prince et celle de de Montholon étaient déjà prononcées; d'ailleurs on a dit — M. Pasquier et Cauchy — que n'ayant point assisté au premier appel nominal, je ne pouvais prendre part à la suite de la délibération. Cependant je ne me suis pas repenti d'être venu. J'ai fait preuve de bonne volonté, et plusieurs journaux m'ont nommé dans la liste des pairs présents.

« La seconde séance à laquelle j'ai assisté n'a présenté aucun incident d'intérêt. Dans la première, le duc de Cadore avait fait un discours contre la compétence — absence de la loi et autres vieilleries ; — seul de son opinion, il a déclaré qu'il se retirait, et n'a point paru ni le lendemain ni au jugement.

« Jugement :

« Berryer a manqué son sujet. Il l'avait bien indiqué, mais il n'a pas été heureux dans ses développements, et n'a fait que crier comme un énergumène.

« On craignait beaucoup de division et de discussions sur la peine. La peine capitale était écartée. La déportation ou la détention se présentaient naturellement. Mais les généraux surtout étaient frappés de la qualification d'infamante attachée à ces peines, et déclaraient qu'ils ne prononceraient pas une condamnation infamante.

« Plusieurs conférences ont eu lieu chez le chancelier avant la séance de la cour. Il y avait : le chancelier, le grand référendaire Broglie, Molé, Portalis, Siméon, Pontécoulant, Bastard, Persil, Merilhon, Girod, Barthe, Mounier, Rossi, Framcarré. La première fois Gérard — — devenu malade — et les derniers jours Viennet et Serrurier, appelés à voter à la tête de l'appel. — On s'est

mis d'accord que la peine véritable était d'être renfermé dans une forteresse, mais on a fort vivement débattu la rédaction. — Molé et Barthe ont dit qu'il fallait une peine spéciale qui évidemment ne fût point *infamante*, et ont indiqué *l'emprisonnement à perpétuité.* Portalis et moi, ainsi que Persil, nous avons combattu, en nous fondant sur ce que nous pouvions bien ordonner les peines du Code et non pas *en inventer de nouvelles;* qu'aujourd'hui ce serait en atténuation, qu'une autre fois ce serait en rigueur, etc., arbitraire, etc. Nous avions d'ailleurs pour nous les précédents, l'exemple des ministres n'était pas difficile à repousser. Cependant, comme l'on ne voulait pas de la détention, j'ai proposé de concilier les deux opinions en prononçant ainsi :
« condamner à être renfermé pendant vingt ans dans
« l'une des forteresses du territoire continental du
« royaume. »

« Cette rédaction, qui donnait à la condamnation tout son caractère de peine politique et ôtait tout rapport avec l'emprisonnement des voleurs, escrocs, etc., avait l'avantage de prendre la peine définie par le Code, sauf le *nom* qu'on rejetait à cause de la qualification technique d'*infamante*. — Mais ç'a été le moyen pris pour la combattre, et on a prétendu qu'il n'y aurait pas de franchise.

« La lutte a été soutenue dans plusieurs réunions, et d'abord avec apparence de succès, mais enfin M. Pasquier et M. Molé l'ont emporté.

« Aux appels nominaux nous avons persisté, Portalis

et moi, à voter ma rédaction, afin de ne pas concourir à l'établissement d'un dangereux précédent, et de ne pas exposer la Chambre des Pairs au reproche de ne s'astreindre à aucune règle. Au moment de l'appel pour la déclaration de culpabilité, j'ai demandé à être autorisé à m'abstenir sur Montholon. Ma phrase, bien tournée, avait été favorablement accueillie. Mais M. Decazes ayant demandé la même exception, M. Molé a fait remarquer que beaucoup pourraient mettre en avant des motifs anologues, et la Chambre, consultée, a déclaré qu'elle me refusait l'autorisation de m'abstenir. M. de Montguyon, qui s'était *réservé* afin de pouvoir dire comme M. Mounier, a été obligé de voter.

« Dans la délibération sur la culpabilité, Desjardins a été mis en liberté à la majorité de 84 contre 76 : j'étais de la minorité.

« Galvani a été également, et par une inconcevable indulgence, déchargé par 94 contre 60.

« Pour d'Alembert, secrétaire, qui avait pris un habit militaire, et qui avait été donné au Prince par le maréchal Clauzel, il a été voté de la même manière. Debure a été mis hors d'accusation par 130 contre 31. La délibération sur la peine a été très animée et prolongée pendant trois séances par le Prince. D'Alton-Shée, dans un discours écrit, a demandé la peine de mort ; du reste, il y avait eu unanimité — Portalis, Breteuil et moi exceptés ; et 16 pour un emprisonnement de vingt ans.

Montholon, pour la mort ; 2 de Fleury et Dejean, — 50

pour la déportation ; — le reste pour la détention (ego), sauf 25 pour l'emprisonnement pendant vingt ans.

« Voisin 30 voix pour vingt ans de détention, pour dix, 95 voix (ego).

Parquin 25 voix pour quinze ans (ego). L'avis rigoureux a été préféré à cause de la récidive. On a considéré comme en récidive ceux qui avaient été à Strasbourg.

« Lombard, j'ai voté comme pour Parquin ; de même pour Fialin.

« Pour moi, Montholon plus coupable. — *Mais Montholon était un confident du ministère et l'instruisait de tout.*

INCIDENT DES LETTRES

« Le général Préval a demandé de déposer des lettres qu'il avait reçues de Montholon de Londres, et qu'on en fît lecture à la cour. — Après un long débat, il a été décidé qu'elles ne seraient pas lues, parce que l'accusé n'avait pas réclamé ni par lui-même ni par son conseil cette lecture, en réservant toutefois à M. Préval d'en faire usage à l'appui de son opinion.

« Il s'est trouvé que ces lettres n'étaient rien moins que favorables à Montholon. Elles prouvaient que dès le mois de mai Montholon savait ce que tramait le Prince. Il y disait que les *cendres* avaient tourné toutes les têtes.

« Villemain en a pris pied pour parler admirablement sur l'imprudence de réveiller les vieux souvenirs, etc. Aladenize a été l'occasion d'un vif débat. 52 ont voté la mort, 104 la déportation — 1er tour ; — au 2e tour déportation 112 (ego).

« Dejean a protesté, et a déclaré qu'il ne signerait pas l'arrêt. Il s'est en effet retiré et n'est pas revenu.

« C'est chose étrange qu'une protestation contre l'indulgence — il était pour la mort.

« Pour Delaborde et Conneau qui n'ont été condamnés qu'à l'*emprisonnement*, j'ai voté 5 ans de détention.

« Au moment de prendre les voix sur l'application des peines, j'ai demandé qu'on suivît le mode proposé par la commission et adopté par la Chambre lors de la loi de la responsabilité ; mais après une discussion assez vive, où j'ai été soutenu par Pontécoulant, la Chambre a décidé qu'elle ne s'écarterait pas des *précédents*. J'ai eu tort d'élever une pareille question incidemment et sans m'être concerté avec nos principaux judiciaires.

« En général, il y a eu à s'étonner de l'immense mansuétude des impériaux, Pajol, Exelmans, etc. Un des motifs est sans doute qu'ils se disent : *Souvent nous avons été dans des positions semblables.* |

« Rossi a été complètement bavard et ennuyeux pendant qu'il pérorait ; Viennet a improvisé le sixain ci-après :

> En asseyant au banc des magistrats
> Le plus bavard des avocats,
> On peut obtenir son silence ;
> Mais il n'est place ni faveur
> Ni caresse ni récompense
> Qui fasse taire un professeur. »

Lorsqu'on parlait à Napoléon, devenu Empereur, de ses tentatives infructueuses de Strasbourg et de Boulogne, il les jugeait plutôt sévèrement, mais il ajoutait : « Elles ont du moins eu un grand avantage ; elles m'ont fait connaître. »

L'échauffourée de Strasbourg fut le premier pas politique de Louis Napoléon en France ; la capitulation de Sedan fut le dernier.

Tous deux devaient le conduire en captivité. Et, par une étrange ironie du sort, comme ces animaux pourchassés qui reviennent mourir au gîte, cet homme, si cruellement frappé par l'adversité, a terminé sa carrière presque au lieu où il l'avait commencée.

La domination allemande a complètement changé l'aspect de Strasbourg. Le bombardement, faisant disparaître sous des monceaux de ruines des quartiers entiers, avait également plus ou moins endommagé a plupart des monuments de la ville, qui ont été réparés, reconstruits, embellis avec soin.

Les réparations seules de la cathédrale s'élevèrent à plusieurs millions.

Pendant les sept semaines du bombardement, les obus la frappaient à tout instant. Le feu prit à la toiture, dans la nuit du 25 au 26 août ; l'incendie gagnait de proche en proche, lorsque le faîte, s'effondrant tout à coup, étouffa l'incendie sous les décombres.

Les Français avaient placé un poste d'observation

sur la plate-forme la plus élevée, qui naturellement était devenue le point de mire des batteries allemandes.

Enfin, le 4 septembre, pendant que Paris en fête proclamait la déchéance de l'Empire et découronnait le neveu du grand homme qui avait promené nos armées victorieuses dans la capitale de ceux qui assiégeaient alors Strasbourg, deux obus frappaient la flèche de la cathédrale, projetant d'énormes blocs de pierre à des distances incroyables.

Quand Strasbourg eut capitulé, les fragments de toute sorte, amoncelés autour de l'édifice — pierres, plomb, statues, bas-relief, colonnettes, etc., etc., — s'élevaient à la hauteur d'un premier étage.

Il n'y a plus trace de ces désastres; la cathédrale est plus radieuse, plus majestueuse que jamais.

Une des améliorations les plus utiles et les plus importantes a été, sans conteste, l'agrandissement considérable du périmètre des fortifications. En les reculant vers le nord de plus d'un kilomètre, on a gagné une vaste étendue de terrain, naguère marais, aujourd'hui beaux jardins, coupée de véritables avenues, bordée de palais. C'est dans cette nouvelle partie de la ville, et après des remblaiements qui continuent tous les jours, qu'ont été placés la nouvelle Université, les Écoles de chimie et de pharmacie, l'Observatoire, le Jardin botanique, puis des serres, soigneusement entretenues, où sont cultivées les plantes aquatiques des tropiques. Enfin, un peu en arrière, sur les voies transversales qui coupent les avenues dont nous venons de parler, s'élèvent de charmantes maisons, moitié hôtels, moitié cottages, rappelant les habitations qui environnent, Hambourg, Paris et Londres.

Le terrain qui, il y a dix-huit ans, avant la guerre, valait en moyenne 2 francs le mètre, se paye aujourd'hui 40, 60, et même 80 francs.

Non loin de là s'achève la construction d'un majestueux palais impérial.

Les Allemands, tant pour ce palais que pour les autres travaux de quelque importance, n'ont pas su, en y faisant participer tous les corps de métiers strasbourgeois, se concilier les sympathies de la classe ouvrière.

En effet, malgré tout ce que l'on a dit, écrit, voulu faire croire, les classes aisées sont restées françaises de cœur. Il tombe sous le sens que quelques familles font exception à la règle; mais je parle de la majorité. Quant aux classes pauvres, ces masses vivant au jour le jour d'un travail manuel, pour lesquelles la question du pain quotidien prime toutes les autres, et que le conquérant peut plus facilement se rallier, on n'a rien fait pour se les attacher — au contraire.

Rien n'était pourtant plus simple, puisqu'il entrait dans la politique allemande de reconstruire les fortifications de Strasbourg, d'agrandir, d'enrichir la ville, que de créer de nombreux chantiers, permettant à toutes les industries de s'exercer, et à l'ouvrier de gagner un peu plus facilement sa vie que *du temps des Français*. Tout le problème était là. Il n'en a pas été ainsi : les travaux ont été concédés à des entrepreneurs allemands, s'engageant, par contrat, à ne faire travailler que des Allemands et à n'employer que des matériaux tirés d'Allemagne. C'était aller au-devant de l'exécration et la rendre légitime.

Les travaux de terrassement furent concédés à des entrepreneurs, toujours Allemands, mais qui eurent la latitude d'employer, avec leurs compatriotes, des... Italiens.

L'ouvrier italien, sobre, docile, bon travailleur, n'ayant qu'un défaut, celui de faire un peu trop vivement intervenir son couteau, comme argument dans une discussion, — fait plus d'ouvrage et à meilleur compte que les Français et les Allemands. Il n'est pas socialement assez avancé pour avoir saisi tous les avantages des grèves périodiques, augmentant le salaire et diminuant le travail.

Je n'ai du reste pas à faire l'éloge des terrassiers italiens, trop appréciés, au dire de nos ouvriers français, par les entrepreneurs de l'État et les compagnies de chemins de fer.

Tous les ouvriers travaillant au palais impérial sont donc Allemands. Non seulement toute l'armature en fer de la toiture, les tuiles elles-mêmes qui sont de ce métal, viennent d'Allemagne, ainsi que les boiseries, mais les blocs de pierre eux-mêmes sont tirés des carrières de la Bavière Rhénane. En un mot, à part quelques sculptures, qu'on a été forcé de demander à des artistes strasbourgeois, ces travaux n'ont profité en quoi que ce soit aux architectes, entrepreneurs et ouvriers de Strasbourg.

Ce palais, masse énorme, couronnée des armes de l'Allemagne, restera comme un témoignage du peu de souci qu'ont eu les vainqueurs de la population ruinée par leur bombardement.

Que leur importe d'être aimés? Les nombreux forts qui entourent la ville, leur puissante artillerie, l'agrandissement des remparts, les millions dépensés en travaux gigantesques de défense, témoignent de la volonté fermement établie de garder, malgré les difficultés politiques qui pourraient surgir, malgré l'affection ou la haine des habitants, l'Alsace dont Strasbourg est le cœur, et qu'ils ont revêtue d'une cuirasse d'airain.

Les bâtiments de l'arsenal couvrent une vaste étendue de terrain. Séparés par la rue, s'élèvent des baraquements pour les chevaux et le matériel du train.

L'esprit militaire est si développé en Allemagne, et la possibilité d'une guerre quelconque est toujours tellement présente à l'esprit, qu'on est prêt, dans les arsenaux, comme si elle devait éclater demain.

A Strasbourg, le matériel du corps d'armée est au grand complet, les obus sont chargés, paquetés, emballés dans des paniers empilés sur les fourgons. Il en est de même des cartouches et des diverses munitions.

Le matériel nécessaire à une armée en marche est non seulement, je le répète, prêt à être mis en usage, mais encore placé sur les fourgons qui, couverts de leurs bâches, s'alignent régulièrement sur plusieurs files. Les voitures d'ambulance, — car le service médical se fait avec un soin tout spécial, — sont, elles aussi, toutes prêtes à entrer en campagne, et regorgent de bandelettes, de charpie, de médicaments, d'instruments de chirurgie les plus perfectionnés. Les cacolets, tout ce qui peut servir au transport des blessés, est méticuleusement classé. Les mêmes dispositions sont prises dans les baraquements du train, où chaque harnais est placé à proximité du cheval auquel il est destiné, et où les réserves sont, également, empilées sur les voitures, qui n'attendent qu'un ordre pour se mettre en route. Les feuilles de réquisition sont prêtes ; les feuilles de route sont libellées ; il n'y a qu'à les faire distribuer pour que chaque homme connaisse le poste auquel il doit se rendre.

Enfin le service de l'intendance est assuré jusque dans ses moindres détails, et les arsenaux sont reliés, par télégraphe et téléphone, avec le cabinet du ministre de la Guerre.

En admettant que la guerre soit décidée à midi, à deux heures les chevaux ont mangé, les hommes aussi.

Tout est attelé, tout est prêt, et chaque corps d'armée peut se mettre en marche.

Notre organisation en France est-elle aussi parfaite? Sommes-nous aussi prêts? Après la transformation morale de notre armée, dont les dix-sept ministres de la Guerre qui se sont succédé en dix-sept ans, ont eu le devoir de se préoccuper en première ligne; après l'amélioration de notre matériel, l'instruction surprenante acquise par nos officiers, et la réorganisation de l'intendance, si défectueuse lors de notre dernière guerre, si inférieure à l'intendance allemande, — sommes-nous matériellement à même d'entrer en campagne deux heures après la déclaration de la guerre?

Ce sont autant de points sur lesquels je n'ai pas à me prononcer. Je me borne à indiquer ce que j'ai vu et à former les vœux d'un soldat français, qui aime sa patrie, pour que nous soyons à même non seulement de lutter avec les Allemands, mais encore de le faire avec avantage.

CHAPITRE IV

Ce que pense l'ennemi. — L'opinion du feld-maréchal Burgoyne. — Un article de la *Comédie Politique*. — Lettres des maréchaux Le Bœuf, Canrobert, Mac-Mahon. — L'enquête. — Une réponse du maréchal Bazaine.

Lorsque au printemps dernier je parcourais l'Allemagne, non seulement je ne connaissais pas le maréchal Bazaine, mais je ne l'avais jamais vu.

Les jugements que j'entendis porter sur lui par des hommes de mérite et de haute honorabilité me firent singulièrement réfléchir.

Je ne savais alors de Bazaine que ce qu'en sait la généralité des Français, qui, ayant accepté comme bonne et valable la procédure de Trianon, se figure que ce maréchal, condamné à mort, a trahi sa patrie et vendu son armée.

Largement payé, sans aucun doute, je supposais qu'une fois la peine commuée et l'évasion accomplie, il devait aujourd'hui rouler carrosse à Madrid.

Nombre de journaux ont contribué à répandre

cette opinion. Or, j'ai lu beaucoup de journaux!
Aussi n'ai-je pas été peu surpris, lorsque j'ai entendu parler de Bazaine, avec respect; lorsque je l'ai entendu apprécier comme un digne et loyal soldat, comme un bon père, qui n'a pas maintenant tous les jours sur sa table le pain nécessaire à ses enfants; enfin, comme une victime de toutes sortes d'intrigues politiques.

Devant de telles appréciations, si contraires à tout ce que j'avais cru jusqu'alors, je me suis promis, ne m'en rapportant plus aux jugements établis, aux opinions toutes faites, de reviser, jusqu'à un certain point, dès mon retour en France, le procès Bazaine, de rechercher ses véritables causes, et les intérêts politiques et privés qui auraient pu dicter la sentence.

A quelque temps de là, je me trouvais à Wurtzbourg avec un des premiers médecins de l'Allemagne, ancien camarade d'études à l'Université d'Heidelberg, *Korpsbrüder;* nous avions bu ensemble, *Brüderschaft*, et chanté le « *Gaudeamus igitur juvenes* », nous jurant amitié éternelle, amitié à laquelle la guerre de 1870-71 devait, bien malgré nous, porter atteinte.

Après avoir parlé de la France et de l'Allemagne, la conversation tomba sur Bazaine.

Je rapporte ici, aussi fidèlement que ma mémoire me le permet, les appréciations d'un Allemand appartenant à l'aristocratie de l'intelligence, bon patriote et honnête homme. L'opinion d'un ennemi est bonne à connaître : elle est souvent instructive et toujours profitable.

— Dans votre pays, disait-il, — le seul au monde qui ait subi les effets, en moins de cent ans, de huit révolutions, l'Histoire, — c'est-à-dire *la vérité et la justice*, a été remplacée par la légende, c'est-à-dire les *passions et les intérêts*.

Il en résulte pour vous, — dommage irréparable qui n'est que trop apparent aujourd'hui, — l'impossibilité de bénéficier de votre propre expérience. La légende est en France un mal incurable, mais presque nécessaire à l'existence tourmentée de la nation. Celle-ci, quant aux personnes et aux choses, vit des fictions que la légende crée en tous sens. Un jour elle en meurt, ou à peu près, puis elle renaît et recommence.

Le mal vient de loin : il remonte à Louis XIV. Les mœurs privées du roi, pendant sa jeunesse, les désordres incestueux du Régent, le libertinage de Louis XV, la complaisante et basse servilité de la noblesse, — tout cela a provoqué le dégoût pour les classes dirigeantes, rompu l'équilibre social et amené l'état révolutionnaire dans lequel vous vivez, depuis un siècle, comme dans votre état normal.

Je ne vous apprendrai rien en disant que chez tous les peuples qui ont joué un grand rôle dans l'histoire, la décadence a commencé immédiatement après le siècle qui avait porté leur grandeur à son apogée.

Voyez les Grecs après Périclès, les Romains après Auguste, les Italiens après les Médicis. Vous n'avez pas échappé à la loi générale.

L'état moral de la France actuel est des plus curieux à analyser.

Chacun comprend les intérêts de la patrie à sa manière. Les partis se disputent le pouvoir; tous les moyens leur sont bons pour l'obtenir, même les moins patriotiques.

Votre nation, interrogée par un plébiscite, se prosterne aux pieds d'un homme, qu'elle chasse quelques jours après. Il lui faut de nouvelles idoles, qui, à leur tour, seront bientôt renversées.

Enfin, — puisqu'il est convenu que nous devons tout nous dire, — votre gouvernement actuel n'est pas respecté à l'étranger.

Nous autres, forcément vos ennemis, puisque nos intérêts sont contraires aux vôtres, nous nous réjouissons de votre état politique, des divisions qui règnent parmi vous, et qui ne peuvent qu'affaiblir la nation.

A quoi marchez-vous? L'histoire peut le laisser prévoir. Dieu seul pourrait le dire.

En ce moment, celui qui chez vous est le plus près du pouvoir n'est ni un Bourbon, ni un Bonaparte, ni même un grand républicain: c'est le général Boulanger. La légende, dont je vous parlais tout à l'heure, a déjà fait son œuvre. Nous connaissons l'esprit de vos campagnes aussi bien que vous-même, et nous savons que Boulanger a remplacé dans les chaumières le *Petit Caporal.* Pour les uns, il n'est que l'héritier de Bonaparte; pour les autres, il personnifie la *Revanche.*

Le général Boulanger a-t-il les capacités requises pour le gouvernement d'une grande nation, pendant longtemps la première du monde? A-t-il assez de génie pour conduire ses armées à la victoire? L'avenir se chargera peut-être de répondre; mais, franchement, il n'a point encore assez fait pour justifier l'enthousiasme populaire que son nom soulève. Il est possible d'ailleurs que cette popularité s'évanouisse aussi vite qu'elle s'est créée; mais, après Boulanger un autre, et ainsi de suite!

La revanche, soit! faites-nous la guerre; mais au moins, cette fois, soyez prêts. N'oubliez pas que notre grand Bismarck a dit :

« Je me suis trompé, je l'avoue franchement :

« J'ai prisé trop haut l'armée de la France et trop bas ses finances. Si la France nous déclarait maintenant la guerre, ce serait un grand malheur, mais l'Allemagne saurait faire son devoir; la guerre de 1870, en comparaison de la prochaine, n'aurait été qu'un jeu d'enfant. »

Je ne pus m'empêcher d'interrompre mon interlocuteur et de lui dire que, quel que fût notre désir de vivre en paix avec nos voisins, l'Alsace et la Lorraine seraient perpétuellement une pomme de discorde entre l'Allemagne et la France.

Les Français auraient facilement pardonné leur défaite à la Prusse, ils auraient également oublié les milliards; mais avoir amoindri son territoire, avoir ravi deux de ses filles chéries, c'est une blessure vive au cœur de la patrie, qui, pour son honneur, n'est point encore cicatrisée.

— Ravir vos filles! reprit en riant le professeur; ce n'était pas, en tous cas, des filles légitimes : vous aviez adopté deux enfants, que nous considérons comme nôtres. Vous reperdez une de vos conquêtes, la moins française de toutes; vous en avez perdu bien d'autres en 1815!

A Dieu ne plaise que vous nous fassiez la guerre! Mais si vous nous la faites, et que vous soyez battus, soyez tranquilles! nous ne vous prendrons plus vos filles, mais votre argent : 20 milliards, que vous ne payerez pas aussi lestement que les derniers, mais par des annuités, qui vous empêcheront, pendant un siècle, de concevoir aucune idée belliqueuse. Je ne parle pas de vos colonies et de ce que pourraient prendre ou reprendre certains de vos voisins.

Il faudra bien que vous acceptiez, une fois pour toutes, les faits accomplis et que vous renonciez à jeter la perturbation en Europe.

Libre à vos gouvernants de rechercher d'autres Bazaines, tout aussi innocents que le premier, et aussi injustement chargés d'expier les fautes d'autrui.

— C'est bien ! Je vous remercie ! Il est bon d'être prévenu. Je pense, en effet, que si nous sommes jamais contraints, non pas à vous déclarer la guerre, mais à l'accepter, nous serons prêts !

Quant à Bazaine, j'avoue que je m'étonne de l'opinion que vous avez tous sur lui dans ce pays. Est-elle sincère? J'ai cru pendant un temps que vous cherchiez à grandir un ennemi vaincu :

A vaincre sans péril on triomphe sans gloire...

— Sur mon honneur, tout ce qu'on a dit en France est faux et calomnieux. Je m'étonne à mon tour que vous, qui cherchez la vérité historique, ne vous en soyez pas encore aperçu?

Du reste, demain, avant votre départ, je vous donnerai quelques brochures et journaux allemands. J'en ai même d'anglais et de français, qui sans aucun doute rectifieront votre jugement.

Le lendemain, en effet, j'ouvris en wagon un petit paquet qui m'avait été remis au départ, et que j'avais hâtivement fourré dans mon sac de voyage. Comme la gothique allemande est toujours fatigante à lire, surtout en chemin de fer, je pris le journal le *Times* et la *Comédie Politique*. Je transcris ici les deux articles :

LA CAPITULATION DE METZ

A *Monsieur l'éditeur du* Times.

Monsieur,

Les attaques violentes contre le maréchal Bazaine et sa condamnation pour la reddition de Metz ne peuvent qu'exciter l'indignation de toute personne impartiale.

Et d'abord, accuser un tel homme de trahison est absolument incompréhensible. Après une vie longue et honorable, il n'avait rien à gagner à un acte contraire aux intérêts de son pays.

La nation française s'est engagée dans une grande guerre avec tout le désavantage possible. La puissance adverse était mieux préparée, beaucoup plus forte en ressources et équipements militaires; de plus, les Français, depuis quelque temps, se trouvaient dans un certain désordre résultant du conflit des factions politiques, qui avait eu pour effet, avant la guerre, d'empêcher le complet développement de la puissance militaire du pays, — après les premiers revers, de désorganiser totalement le gouvernement, et de rendre impossible toute action suivie, tendant à diriger les opérations dans un moment d'importance vitale. Tout semblait en dissolution, chaque chef était laissé à sa propre initiative, et chacun à son tour était exposé aux mouvements ordonnés et concentrés d'un ennemi bien discipliné, bien organisé, et, en outre, très supérieur en nombre.

Les corps d'armée tombèrent donc l'un après l'autre avec une rapidité effrayante; enfin vint celui de Bazaine, qui depuis quelque temps était enfermé dans Metz avec de grandes forces.

Par suite de quelles opérations le corps qu'il commandait ne s'était-il pas retiré à temps pour rejoindre les autres encore en campagne ? c'est ce que je ne puis en ce moment discuter. La discussion n'est pas nécessaire, du reste, puisque les accusations reposent sur sa capitulation qui eut lieu deux mois plus tard.

S'il n'a pu s'ouvrir un passage à travers les forces ennemies au moment de l'investissement de Metz, il eut chaque jour de moins en moins la chance d'y réussir, car les positions autour de la place, naturellement très fortes, pouvaient être grandement améliorées par des travaux approchant de plus en plus de la perfection. Et tandis que ce progrès continu avait lieu du côté des assiégeants, ses propres troupes étaient dans un état, non moins continu, de détérioration, par suite de la dispersion de sa cavalerie, de son artillerie de campagne et de son matériel de transport ; en sorte que, séparé comme il l'était par une grande distance de tout secours, avec une armée dépourvue de tous moyens de tenir campagne, ses provisions épuisées, il n'avait réellement d'autre alternative que la capitulation. Ses accusateurs paraissent oublier que sa position aurait dû être regardée comme désespérée trois mois auparavant, lors de l'époque du mouvement opéré de Châlons pour le dégager.

Ayant servi avec le maréchal en Crimée, j'ai senti de mon devoir de combattre les attaques dirigées contre un brave compagnon d'armes, dont la réputation militaire a été compromise d'une manière si inconsidérée par des ennemis politiques.

Je suis, etc.

J.-F. BURGOYNE,
Feld-Maréchal.

Londres, novembre.

LA COMÉDIE POLITIQUE

Sixième année, N° 228.

BAZAINE

Bazaine vient de publier un livre en Espagne, et ce livre vient de faire pleuvoir de nouveau injures et invectives sur l'ex-commandant de l'armée du Rhin.

Ces injures, il est bien entendu que je ne m'y associe point. Je n'aime pas à flagorner les passions populaires, et la *Comédie Politique* a l'habitude de dire ce qu'elle pense, sans se soucier le moins du monde de l'éventualité de plaire ou de déplaire.

Est-ce à dire que je vais entreprendre l'éloge du maréchal ?

L'éloge !... Hé ! pourquoi faire ?...

Le maréchal Bazaine n'est point mon homme, je vous assure, et il est encore moins mon coreligionnaire politique.

Je n'oublie pas que sous l'Empire M. Bazaine jouait les mécontents et que c'était une sorte de sous-Trochu, moins loquace que le créateur du genre, mais tout aussi frondeur.

Je n'oublie pas que, surtout en 1870, le nom de Bazaine servait, en quelque manière, d'étendard aux détracteurs du régime.

Je n'oublie pas que c'est le député républicain Kératry qui, le premier, eut l'idée de faire du maréchal Bazaine le généralissime de nos armées marchant au-devant des Prussiens.

Je n'oublie pas que c'est l'opposition du Corps législatif qui imposa au ministre de la guerre ce commandant suprême de nos forces, en remplacement de l'Empereur, qu'on reléguait au rang d'officier, suivant en amateur les opérations.

Enfin je n'oublie pas surtout, qu'à cette époque, et tant qu'ils y trouvèrent leur compte, les Jules Favre et les Gambetta appelèrent Bazaine « NOTRE *glorieux Bazaine* ».

Je laisse donc Bazaine aux républicains, à qui il appartient en toute justice.

Mais, si mon indifférence est extrême vis-à-vis de M. Bazaine, je supporte avec moins de placidité les entorses qu'on donne à l'histoire.

Et c'est, suivant moi, non pas seulement donner une entorse, mais casser bras et jambes à l'histoire que de charger Bazaine du poids des malédictions de toute la France vaincue en 1870-71.

Veut-on nettement mon avis ?

Le procès qui fut fait à Bazaine en 1873 fut, tout à la fois, une intrigue politique, une lâcheté et une infamie.

Quels furent les accusateurs du maréchal ?

Tout d'abord un certain Valcourt, jeune chevalier d'industrie, qui avait fui la mobilisation des jeunes gens de son âge en se réfugiant comme interprète dans l'état-major du général Blanchard, et qui parvint plus tard à sortir de Metz, — certains disent avec la connivence prussienne. Ce Valcourt, qui est en ce moment sous le coup d'un mandat d'arrêt pour escroquerie et faux, rédigea, moyennant finances et la croix de la Légion d'honneur, qui lui fut décernée par Gambetta, le rapport qui servit de base aux accusations de ce dernier contre le maréchal.

Après Valcourt, le Gambetta lui-même, qui, voyant

SON Bazaine vaincu et prisonnier, se hâta de le rendre à l'Empire et ne fut point fâché d'avoir ce bouc émissaire, pour lui attribuer les échecs de la stratégie grotesque et insensée à l'abri de laquelle il s'enrichissait à coups de fournitures et d'emprunts Morgan[1].

Qui encore ?

Le colonel d'Andlau, un orléaniste déguisé en républicain, qui n'avait pas osé signer sa dénonciation et qui fut flétri dans la presse, comme on flétrit un lâche, par une lettre du général de Cissey, et, à la tribune, par le général Changarnier, qui l'appela « *un subalterne croyant se grandir en insultant un chef tombé de haut* ».

Puis M. de Villenoisy, un professeur à l'École d'application, un officier français qui avait suivi la guerre en amateur et qui n'avait pris aucune part à la lutte, quand il y avait à Metz les tristesses et les douleurs que l'on sait... M. de Villenoisy, que le général Le Flô, ministre de la guerre, flétrit aussi à la tribune, après lui avoir infligé quinze jours de prison.

Qui enfin ?

Rossel, le Rossel que l'on sait, Rossel plus tard fusillé à Satory, comme ayant pris part aux assassinats de la Commune.

Puis Boyenval, le même Boyenval qui, sous-préfet dans le Nord, s'est suicidé l'autre jour... de remords peut-être.

Tels furent les premiers accusateurs du maréchal Bazaine, ceux qui ébauchèrent la légende de trahison qu'on a si bien étayée, qu'elle a cours encore aujourd'hui.

---

1. Il va sans dire que nous ne citons cet article de la *Comédie Politique* que comme document et sans nous associer en aucune façon aux allégations et aux appréciations de l'auteur.

Se souvient-on de ce qu'il arriva ensuite ?

C'est ici qu'intervint l'intrigue politique.

Il y avait à Versailles un monsieur auquel on venait de rendre, en même temps que des millions qui ne lui appartenaient pas, des épaulettes de général de division qui lui appartenaient moins encore, car la faveur paternelle les lui avait, pour la première fois, conférées contre toutes les règles et contre toutes les lois, alors qu'il n'avait que 20 ans.

Ce grand militaire, qui n'avait à son actif que la cueillette du parapluie d'Abel-el-Kader à Taguin, en 1848, brûlait du désir de se mettre en relief sans qu'il lui en coûtât le moindre danger, et de poser en stratégiste sans encourir les désagréments... à fusée percutante ou autres, — de la stratégie.

Quelle meilleure occasion pour cela que la présidence du Conseil de guerre chargé de juger un ex-maréchal de l'Empire, quelque peu impérialiste qu'il fût !

Cette présidence, il la chercha, M. d'Aumale... Il la chercha tant et si bien qu'un jour, du haut de la tribune de la Chambre, alors que personne ne lui demandait rien, on l'entendit laissant tomber ces paroles : « Je saurai faire mon devoir, fût-ce même pour juger Bazaine ! »

L'invite était d'autant plus directe qu'elle arrivait à l'improviste, alors que rien dans les circonstances ne la faisait prévoir. Elle ne manqua pas d'être comprise par une Assemblée orléaniste, et de ce jour le procès Bazaine fut décidé,... décidé, beaucoup moins dans le but de punir une félonie, que dans celui d'élever à M. d'Aumale des tréteaux sur lesquels il pourrait parader deux mois durant.

Et c'est ainsi qu'on eut en France et en Europe le spectacle d'un général *in partibus*, qui n'avait jamais vu d'autre feu que celui de sa cigarette ou de sa cheminée, présider une compagnie judiciaire composée de vieux soldats, qui avaient conquis leurs étoiles au milieu de la mitraille des combats.

Et c'est ainsi qu'on eut le spectacle d'un stratégiste d'opéra comique, qui avait suivi... dans les livres, les opérations de la campagne de 1870, morigénant d'un air capable ceux qui avaient manœuvré à travers balles et boulets, et déclarant d'un ton tranchant qu'à telle bataille il eût fallu se porter à gauche, à telle autre à droite et à telle autre au milieu. Il me souvient de l'écœurement que soulevaient en moi ces leçons de stratégie après coup : avant de les entendre au palais de Trianon, je les avais six mois durant entendu formuler autour des tables de cafés par les caporaux et tambours de la garde nationale.

Du reste, fort bien accouplé dans l'affaire, ce président fantastique d'un Conseil de guerre chargé de juger un maréchal de France.

Il avait pour ministère public un ex-favori de Gambetta, et pour rapporteur un général du génie « méprisé par toute l'armée, » suivant l'énergique expression du brave colonel Stoffel, un général du génie qui n'avait pu lui-même écrire son rapport et avait passé la plume à qui?... Devinez!... A Challemel-Lacour !

Ah ! certes, je le répète, je n'ai pour Bazaine ni sympathie ni antipathie. Il ne m'inspire que de l'indifférence.

Mais, quand j'énumère la série d'infamies et de lâchetés qui présidèrent sa flétrissure, quand je songe que le ministre qui livra l'accusé au tribunal militaire, sous prévention d'avoir vendu son armée à la Prusse, était précisément le général qui, muni des pleins pouvoirs de tous ses collègues, avait négocié et signé la capitulation de cette armée, quand je considère enfin que le grand premier rôle de cette comédie judiciaire fut un illustre guerrier pour rire ; oui, quand tout cela revient à mes souvenirs et à mon esprit, oh! alors mon indifférence se révolte, et **M. Bazaine**, le Bazaine de Kératry, le Bazaine qui frondait sournoisement l'Empire, le Bazaine que Jules Favre et Gambetta appelèrent « *notre* glorieux Bazaine », ce Bazaine-là me devient presque sympathique.

Je me dis qu'après tout, il est monstrueux qu'un seul homme ait pu être rendu responsable des fautes de tous, et que Bazaine seul ait pu être poursuivi et condamné sous la présidence d'un d'Aumale encore ! pour n'être pas sorti de Metz avec 80 000 hommes épuisés, alors que l'on laissait tranquille et indemne Trochu, qui n'était pas plus sorti de Paris, avec 500 000 hommes de troupes fraîches...

Alors qu'on laissait tranquille et indemne un Jules Favre, qui avait oublié l'armée de l'Est dans la capitulation de nos armées et avait ainsi causé, sans profit pour la patrie, la mort de 10 000 pauvres soldats...

Non, je n'insulterai pas Bazaine, comme l'ont fait plusieurs de mes confrères et presque de mes coreligionnaires politiques... non, je n'insulterai pas Bazaine, se défendant par la plume et constatant dans son nouveau livre l'infâme partialité dont il fut l'objet.

Non, je ne l'insulterai pas...

Car, si Bazaine, condamné à mort, eût été fusillé alors que vivait Trochu, alors que pérorait encore Jules Favre, alors qu'engraissaient Gambetta et les pillards du 4 Septembre, il n'y aurait aujourd'hui qu'une voix pour dire de la mort de Bazaine ce qu'en pleine Chambre des pairs disaient Armand Carrel et le général Exelmans de l'exécution du maréchal Ney :

— C'est un abominable assassinat !

Je suis loin de partager toutes les opinions exprimées par l'auteur de cet article, qui est écrit avec un esprit de parti passionné, dont tout lecteur impartial doit se défier. Cependant en le lisant je fus vivement impressionné de voir un journal français corroborer tout ce que j'avais entendu dire en Allemagne ; et c'est après cette lecture que je résolus définitivement de faire une enquête personnelle à mon retour en France.

Que pouvais-je faire de mieux à cet effet que de m'adresser aux compagnons d'armes de Bazaine, à ceux qui avaient été ses amis, ses égaux, qui avaient partagé ses responsabilités, et dont la haute situation et l'honorabilité devaient doubler le poids du témoignage ?

J'écrivis aux maréchaux Le Bœuf, Canrobert, de Mac-Mahon.

Voici les lettres qu'ils m'adressèrent :

Au Mancel, 1er juillet 1887.

Monsieur le Comte,

Lorsque, dans le cours du procès de Trianon, M. le Président du Conseil de guerre me demanda mes appréciations sur des faits, j'eus l'honneur de lui répondre que je croyais devoir me borner à exposer les faits, sans les apprécier.

Cette réserve m'était dictée par un sentiment que vous comprendrez certainement, et que le temps n'a pas modifié.

Je ne pourrai donc répondre aux questions que vous voulez bien me poser ; j'en éprouve un regret sincère, dont je vous prie, Monsieur le comte, de recevoir l'assurance, avec l'expression de ma considération la plus distinguée.

MARÉCHAL LE BŒUF.

Jouy-en-Josas, 24 juin 1887.

Monsieur le Comte,

Je m'empresse de vous accuser réception de la lettre que vous m'avez fait l'honneur de m'écrire, et je vous exprime tous mes regrets de ne pouvoir vous adresser les renseignements que vous avez bien voulu me demander, et ceci par des nécessités de haute convenance personnelle.

Veuillez recevoir...

MARÉCHAL CANROBERT.

Paris, ce 27 juin 1887

Monsieur,

J'ai reçu la lettre que vous m'avez fait l'honneur de m'adresser, pour me demander mon opinion sur la conduite que le maréchal Bazaine avait tenue à Metz.

Je crois devoir vous dire que, n'ayant pas fait partie de l'armée commandée directement par le Maréchal, je ne puis vous donner mon appréciation sur sa manière de faire dans cette circonstance.

Veuillez agréer...

MARÉCHAL DE MAC-MAHON.

Après avoir reçu les lettres peu compromettantes pour leurs auteurs qu'on vient de lire, je n'étais guère plus avancé, on le comprendra facilement; mais, loin d'être découragé et de renoncer à une entreprise dont toutes les difficultés commençaient à m'apparaître; je fus au contraire stimulé et plus désireux que jamais de faire jaillir la vérité.

J'écrivis de nouveau à des officiers de tout grade, depuis les divisionnaires qui étaient à Metz, jusqu'aux sous-lieutenants, leurs officiers d'ordonnance. Je me suis adressé à ceux qui, ayant connu le maréchal Bazaine, avaient été mêlés, de près ou de loin, au procès de Trianon, et auxquels je reconnaissais assez d'indépendance d'esprit, de loyauté et de franchise pour rendre hommage à la vérité, sans préoccupation d'aucune sorte.

Tous ceux à qui j'adressai des lettres, et je tiens à leur en exprimer ma reconnaissance, me firent l'honneur de me répondre.

Quelques-uns d'entre eux, qui ont joué des rôles importants dans la lugubre tragédie de Metz, m'ont parlé avec franchise, mais en me priant de ne pas publier leurs appréciations. D'autres, qui ont occupé de grands emplois civils en France, et dont la haute intégrité impose le respect et la confiance, m'ont laissé libre de publier ou de ne pas publier, à mon choix. Je regrette sincèrement de n'être pas autorisé à nommer l'officier général dont les notes m'ont si puissamment aidé à écrire ce volume, et auquel j'aurais voulu pouvoir exprimer publiquement ici ma reconnaissance.

Enfin, m'étant à peu près rendu compte des conclusions que les renseignements qui me parvenaient de toutes parts m'obligeraient à tirer, j'entrepris un nouveau voyage en Allemagne et je me décidai à écrire au maréchal Bazaine lui-même.

Voici sa réponse :

Madrid, 14 octobre 1887.

Monsieur le Comte,

Heureux de pouvoir être utile à votre œuvre de rétablissement de la vérité, pour ce qui a trait à l'armée du Rhin et à la conduite politique de son chef, je mets à votre disposition les divers documents qui me sont restés.

Je ne saurais trop affirmer que ma conscience ne me reproche rien, que j'agirais encore de même, parce que j'ai toujours été persuadé qu'un maréchal de France, chef d'armée, avait plus de droit qu'un mouvement révolutionnaire de s'opposer à une sédition contre le pouvoir issu du suffrage universel, et de mettre fin à une guerre désastreuse pour son pays et continuée par un parti qui voulait arriver au pouvoir. Disposez de moi, à l'occasion, et croyez, etc.

MARÉCHAL BAZAINE.

Je mets donc sous les yeux du lecteur une partie des documents que j'ai réunis, ceux bien entendu dont je suis autorisé à disposer. Je serai largement récompensé de mes efforts, si je puis l'aider à mieux juger les hommes et les choses, mon unique préoccupation ayant été de dégager la vérité des voiles dont les intérêts politiques et privés se plaisent en tous temps à l'obscurcir.

CHAPITRE V

Pourquoi et comment l'Impératrice fit déclarer la guerre? — La corruption de l'Empire. — Les surprises de la guerre d'Italie. — L'affaire de Sarrebrück. — D'après les journaux anglais. — Tout le monde commande. — Retraite sur Metz. — On a besoin d'une victoire. — Il faut passer la Moselle. — Commandement en chef. — Le dessous des cartes. — Départ de l'Empereur. — Le camp de Châlons. — Déjeuner impérial. — Impératrice et gouverneur. — Chez le Ministre de la Guerre.

M. Alfred Darimon, ancien député de la Seine, dit[1] : « A partir de 1865, il y eut aux Tuileries un parti de l'Impératrice. Elle avait réussi à gagner un certain nombre de personnalités qui tombaient naturellement sous son influence immédiate ; elle s'était ainsi formé une clientèle importante, à l'aide de laquelle elle s'était constitué dans le gouvernement une sorte de lieutenance honoraire de l'Empire.

« C'est le parti de l'Impératrice qui avait le plus poussé à la guerre avec la Prusse. C'est lui qui avait

[1]. *Notes pour servir à l'histoire de la guerre de* 1870. (Paul Ollendorff, éditeur.)

exigé que l'Empereur prît le commandement en chef de l'armée. Son projet, qu'il n'avait pas tardé à dévoiler, était, après avoir éloigné l'Empereur, de s'emparer de la régence et de profiter de la première victoire pour en finir avec la politique du 2 janvier. »

En effet, lorsque les ministres se réunirent en conseil pour voter sur la question de la guerre avec la Prusse, ils se prononcèrent à tour de rôle, et la majorité n'était pas établie quand on consulta le maréchal Le Bœuf.

Celui-ci fit une sortie des plus violentes, comme si la leçon lui eût été faite d'avance, comme si on lui eût indiqué le côté vulnérable de l'Empereur, — l'horreur des discussions.

Le maréchal s'emporta, et déclara qu'il ne comprenait pas qu'un Conseil composé de ministres français pût hésiter un instant.

L'Empereur, qui n'avait pas encore parlé, se leva avec lenteur et dit simplement :

« C'est bien, la cause est entendue. »

La Guerre était décidée.

La guerre de 1870-71 fut entreprise sous les plus funestes auspices.

L'esprit révolutionnaire était très généralement répandu dans l'infanterie. Cet esprit d'égalité et de révolte avait fait dans cette arme ses principaux ravages.

La discipline était très faible, mais sa faiblesse avait moins pour cause le sentiment de révolte du soldat que l'absence de dignité et d'énergie nécessaires à l'expression du commandement chez l'officier.

L'artillerie et le génie, aussi imbus que l'infanterie des idées révolutionnaires, étaient commandés par des officiers dont le courage traditionnel semblait croître avec le sentiment de l'infériorité de leurs armes vis-à-vis des armes prussiennes; mais ce courage, cette valeur ne pouvait compenser l'affaiblissement moral des troupes, provenant de leurs sentiments politiques.

La cavalerie, par une grâce toute spéciale, qu'elle doit, sans aucun doute, à sa tradition dont l'origine remonte à la chevalerie, avait au contraire une parfaite discipline; elle était animée des sentiments les plus élevés d'abnégation et de courage.

Enfin l'état-major, qui ne constitue pas à proprement parler une arme, mais qui, par ses fonctions, par ses rapports intimes et journaliers avec les chefs, exerce fatalement une grande influence sur les armées, l'état-major était vaniteux, ambitieux et insuffisant.

Ce qu'on s'est plu à appeler la corruption de l'Empire, c'est-à-dire l'avancement convoité avec frénésie comme un moyen d'accroître son bien-être, l'intrigue remplaçant le mérite, les intérêts privés l'intérêt général, cette corruption était répandue dans toute l'armée, depuis les plus hauts emplois jusqu'aux plus modestes.

La confiance, si nécessaire au soldat, que Napoléon Ier l'appelait son *meilleur corps d'armée,* faisait absolument défaut. Il est facile d'en établir la raison.

La création de la garde nationale mobile avait indisposé l'armée, qui n'avait pas pris au sérieux ces troupiers d'occasion, ventrus, barbus et chevelus. Elle ne les considérait pas comme des frères d'armes, formant une réserve qui pourrait la soutenir au besoin, mais ne voyait en eux que les partisans de l'émeute, l'armée de la révolution.

Les conférences militaires, également créées par le maréchal Niel, et qui avaient attiré l'attention sur le général d'Andlau, alors colonel, avaient appris à tout le monde, six mois avant la guerre, la triste infériorité de l'effectif de l'armée française, comparé à l'effectif allemand.

Enfin, il avait été porté à la connaissance de tout le monde, dans ces mêmes conférences, que dans huit années seulement, grâce à l'organisation nouvelle, l'armée française pourrait lutter à forces égales avec l'Allemagne.

Il n'y a pas d'armée possible sans une confiance réciproque entre le soldat et ses officiers, entre les officiers supérieurs et les inférieurs.

Si le soldat, trompé par le sentiment populaire, s'était figuré qu'il irait à Berlin comme on va au bois de Boulogne; s'il était disposé à suivre ses chefs dans cette *partie de plaisir*, les généraux qui, dix années auparavant, avaient joué un rôle dans la guerre d'Italie, avaient dans les talents militaires du chef suprême, l'Empereur, une confiance moins aveugle. Le succès de la guerre d'Italie n'a été dû qu'à des circonstances toutes fortuites, qu'à de heureux hasards, où le talent militaire des chefs n'était pour rien.

Par exemple : la veille au soir de Magenta, on ne savait pas si Giulay s'était retiré et l'Empereur a passé la nuit à Novarre, occupé à préparer un plan de bataille pour Novarre même. La veille au soir de Solférino, les divisionnaires furent prévenus que l'ennemi était entre l'Adige et le Mincio. On était donc en pleine sécurité, et la bataille du lendemain fut encore une surprise.

Dans les deux cas on combattit au hasard, chacun faisant pour le mieux; Canrobert à l'aile droite immobilisé, ne sachant pas si l'ennemi est devant lui.

Dans les deux cas, la nuit venue, était-on battant ou battu? On était incertain. On croyait à un grand combat pour le lendemain; mais quand le jour parut et qu'on ne vit plus d'armée autrichienne, toutes les trompettes de la Victoire et de la Renommée se mirent à sonner : les victoires étaient éclatantes, et les chefs des héros !

La nuit venue, on couchait sur le champ de bataille autrichien, et cependant l'ordre ne vint pas de l'Empereur de lancer toute la cavalerie à la poursuite de l'ennemi dégringolant par les pentes du Mincio.

Malheureusement, si quelques chefs avaient pu se rendre compte de ce qui s'était passé, la masse l'ignorait. Une des conséquences les plus funestes de cette ignorance fut de laisser supposer que l'Empereur pouvait avoir quelque talent militaire, et qu'il suffisait d'être un Napoléon pour être un grand général. On a dit bien des fois que rien ne réussit autant chez nous que le succès, — il prouve et justifie tout; mais aussi la masse inconsciente et bête ne pardonne pas l'insuccès.

L'Empereur, poussé par le pays, avait été obligé de faire la guerre à l'Allemagne, qu'il le voulût ou non. Mais personne plus que lui ne devait connaître l'infériorité matérielle et morale avec laquelle il allait affronter cette armée allemande, qui avait porté à ses dernières limites le respect et le dévouement envers son souverain; cette armée qui avait perfectionné, plus qu'aucune autre, l'application des principes de discipline, de recrutement, d'organisation, de tactique et de stratégie.

Dès le début de la guerre, l'Empereur dut avoir l'intuition, le pressentiment de ce qui allait arriver.

S'il était incertain, l'affaire de Sarrebrück devait lui dessiller les yeux.

Il avait, peu après son arrivée, poussé par le général Frossard — qui, *trois ans avant la guerre*, avait fait un plan à cet effet, — ordonné cette inutile et ridicule attaque.

Quand on est réputé grand homme, quand on est

gouverneur d'un prince impérial, son professeur en art militaire, et quand on a fait un plan, on n'est pas fâché de l'exécuter soi-même.

Frossard fut donc chargé d'attaquer Sarrebrück avec son corps d'armée, le 2e. Il est vrai que, comme il importait d'éviter un échec, on le fit soutenir par le 3e et le 4e corps.

Malheureusement ce plan si ancien, si bien mûri, réputé si parfait, était vicieux, et son auteur montra dans la conduite de cette expédition une incapacité telle que l'opération échoua complètement.

C'était commencer par un insuccès, et par un insuccès honteux; car, à cette époque, 2 août, Sarrebrück n'était défendu que par la petite garnison du pied de paix, et pas une seule fraction de l'armée allemande n'y était encore arrivée.

Cet échec produisit l'effet le plus désastreux. Jamais l'armée ne s'est relevée de ce premier coup, dont l'Empereur, plus profondément que tout autre, avait senti la gravité.

Sarrebrück, défendu seulement par une garnison de 1 500 hommes, attaqué par trois corps d'armée !

Cet insuccès, qui eut sur toute la campagne l'influence la plus néfaste, porta le trouble et l'angoisse dans le cœur de l'Empereur et de son entourage intime.

Comment Frossard, si sûr de lui-même, Frossard, à qui il avait confié ce qu'il avait de plus cher au monde, son fils, — Frossard en était là! Mais le coup était porté. Et le désordre d'esprit dans lequel se trouvait l'Empereur se montra au grand jour par des ordres, des contre-ordres réitérés, basés sur les renseignements les plus incertains et les plus contradictoires qui parvenaient à l'état-major général, concernant la marche et les mouvements de l'ennemi. A tout propos des troupes étaient mises en mouvement, puis arrêtées, avec ordre de revenir au point de départ. C'étaient des allées et venues continuelles sur le même terrain, sans un instant de répit.

Ce qui est grave, beaucoup plus grave, c'est que non seulement cette guerre avait été entreprise sans que l'armée fût prête, sans plan déterminé, mais encore sans que l'Empereur eût fait établir à l'avance, — première précaution militaire à prendre —, un système d'informations, d'espionnage, destiné à l'éclairer sur les mouvements de l'ennemi.

L'affaire de Sarrebrück avait ébranlé tout l'édifice, porté un tel coup, jeté un tel désarroi, que quelques heures après l'Empereur, sans le vouloir, le constate lui-même, dans son ordre du jour du 4 août, que je rapporte ici :

ORDRE

Il faut toujours supposer à ses ennemis le projet le plus raisonnable. Or, d'après ce qu'on lit dans les journaux anglais, le général Steinmetz occuperait une position centrale entre Sarrebrück et Deux-Ponts, et serait appuyé par derrière par un corps du prince Frédéric-Charles, et la gauche se relierait à l'armée du Prince Royal qui se trouve dans la Bavière rhénane. Leur but serait de marcher droit sur Nancy. En conséquence, je désire que les troupes prennent les positions suivantes :

Le général de Ladmirault aura son quartier général à Boulay, une division à Boucheporn, la troisième à Teterchen.

Le maréchal Bazaine aura son quartier général à Saint-Avold, une division à Marienthal, une troisième à Puttelange. La quatrième sera placée suivant ses convenances, soit en avant, soit en arrière de ses positions.

Le général Frossard restera dans la position où il est. Le général de Failly ira rejoindre à Bitche la division qui y est déjà : ces deux divisions seront sous les ordres du maréchal de Mac-Mahon. Celle qui restera à Sarreguemines se mettra en relation avec la division qui est à Puttelange, et sera sous le commandement du maréchal Bazaine.

La division de cavalerie qui est à Pont-à-Mousson se portera à Faulquemont.

Le maréchal Canrobert sera à Nancy avec trois divisions.

NAPOLÉON.

Metz, le 4 août 1870.

P.-S. — Il est bien entendu que celle de ses divisions que le général de Ladmirault enverra à Boucheporn ne se rendra sur ce point que dans la journée du 6 de ce mois.

D'après les journaux anglais !

C'était un reporter qui déterminait les mouvements militaires de la France, et l'Empereur avait la naïve bonne foi de l'avouer.

Du reste, dans cet ordre on ne sent ni l'énergie ni la volonté que doit avoir tout commandant en chef, ni la confiance en lui-même qui impose la confiance aux autres.

L'Empereur *désire* que les troupes prennent telle position ; il amoindrit son commandement jusque dans la forme.

Dans tout ce désordre, la division du général Decaen avait marché trois jours sans pouvoir faire la soupe. Cette division était épuisée de fatigue et complètement démoralisée avant d'avoir tiré un coup de fusil.

Tout à coup apparaît une tête de colonne prussienne. Le général Frossard en est prévenu le premier. Non seulement il ne tient pas compte de l'avis qu'on lui donne, mais, chose inouïe, incroyable, il est surpris par l'attaque de l'ennemi pendant son déjeuner.

Si nos ennemis avaient eu le talent qu'ils s'attribuent, et qu'on leur a laissé si largement s'attribuer en France pour justifier nos désastres, le 2ᵉ corps était perdu. Il pouvait, il devait être isolé et avoir là son Sedan.

Le 7 commençait la retraite sur Metz ; ce même jour l'armée apprenait le désastre de Reichshoffen !

Les maréchaux donnaient des ordres. L'Empereur en donnait également sans les prévenir ; le ministre de la Guerre, l'Impératrice envoyaient des instructions de Paris.

Quelle effroyable confusion !

Voici par exemple, ce que répondait, le 7, le général de Ladmirault à un ordre du maréchal Bazaine :

ARMÉE DU RHIN　　　　　　　Boulay, le 7 août 1870.
　4ᵉ *Corps.*

LE GÉNÉRAL COMMANDANT
　Nº 76.

　　Monsieur le Maréchal,

Votre Excellence m'avait adressé pendant la nuit et à la date du 6 août une dépêche me prescrivant de mettre les trois divisions de mon corps d'armée en marche sur *Saint-Avold.* Cette dépêche m'est parvenue à 3 heures du matin ; elle avait été sans doute expédiée avant minuit.

Aujourd'hui 7 août j'ai reçu à 4 heures un quart du matin une dépêche télégraphique expédiée de Metz à 4 heures ainsi conçue :

« Retirez-vous sur Metz après avoir rallié toutes vos divi-
« sions.
　　　　　　　　　　　　　« NAPOLÉON. »

Cet ordre est donc le dernier qui m'ait été expédié et auquel je dois me conformer ; je donne tous mes ordres à cet effet, et aujourd'hui, 7 août, mes trois divisions occupent les positions près de Boulay.

Agréez, monsieur le Maréchal, l'expression de mon respect.

　　　　　　Le général commandant le 4ᵉ corps,
　　　　　　　　DE LADMIRAULT.

Comment pouvait-on espérer un succès dans de pareilles conditions !

Le maréchal de Mac-Mahon, l'homme légendaire, non seulement dans l'estime du soldat, mais encore dans celle de l'officier, avait été écrasé !

Rien ne peut donner une idée de l'effet de cette nouvelle, arrivant le lendemain de l'affaire de Spickeren, sur le moral déjà si malade de notre pauvre armée ; et cela, depuis l'Empereur et l'état-major général, jusqu'au dernier soldat. Aussi quel désordre se produisit dans l'infanterie !... Les officiers cherchaient à peine à le réprimer.

Le découragement, cette conséquence des désastres, s'était emparé de tout le monde.

La retraite sur Metz s'opéra dans un désordre indescriptible. La Garde, les 3e et 4e corps se retiraient sur une seule route encombrée du matériel de l'intendance, des voitures et bestiaux des paysans qui fuyaient devant l'armée prussienne.

Si, au milieu de cette masse confuse, l'ennemi avait lancé quelques obus, que serait-il arrivé ?

Les plus simples précautions de reconnaissance prises par quelques-uns, au milieu de l'ignorance générale de la position de l'ennemi, de la confusion, de l'encombrement des communications et du désarroi des esprits, ne faisaient qu'accroître l'angoisse générale.

Reconnaître l'ennemi... Le vainqueur était donc tout près ?

Les hommes en possession de leur sang-froid et de leur énergie, étaient bien rares en ce moment.

La Garde, les 3ᵉ et 4ᵉ corps furent arrêtés et prirent position sur une première suite de hauteurs, formant une ligne trop étendue pour leur front, et située environ à deux lieues de Metz. On attendit là le 2ᵉ corps, qui arriva enfin le surlendemain, fatigué, épuisé de ses marches inutiles, sur Sarreguemines d'abord et sur Metz ensuite, profondément démoralisé, ayant cependant accompli tout son trajet, sans avoir été non seulement inquiété, mais suivi.

Le jour même de son arrivée, l'armée se rapprocha encore de Metz, de manière à s'appuyer au besoin sur la place et sur les forts.

Le bruit de la décision prise par l'Empereur de continuer la retraite sur Châlons, pour y rallier les 1ᵉʳ, 5ᵉ et 7ᵉ corps, s'était répandu dans l'armée avec une extrême promptitude. Cette résolution, dont on jugera bientôt l'opportunité et l'à-propos, étant prise, il était urgent de l'exécuter au plus tôt.

Il est certain, en effet, que les armées allemandes avaient été répandues en France par leurs deux déversoirs naturels : les chemins de fer de Wissembourg et de Forbach.

Le génie de l'Empereur n'ayant pas découvert qu'il en serait ainsi, les deux désastres de Reichshoffen et de Forbach ne permettaient plus d'en douter. Donc, d'une part, l'armée victorieuse à Reichshoffen allait suivre la route de Nancy ; de l'autre, l'armée nécessairement la plus considérable, — puisqu'on savait en Allemagne que le point d'appui central était Metz, — allait marcher sur cette ville.

Mais il était matériellement impossible que cette armée eût pu, depuis le 5 août, jour de l'arrivée de son premier corps à Forbach, être débarquée et transportée. Il était rationnel de penser que le corps prussien victorieux à Spickeren se contenterait de ce premier succès, et attendrait l'arrivée des autres corps de son armée pour s'avancer.

Nous avions donc quelques jours d'avance ; ces quelques jours, diminués de deux par la marche du général Frossard, avaient un prix inestimable. On pouvait et on devait en profiter, coûte que coûte, en raison de l'état moral de l'armée d'abord, et des chances qu'il y avait peut-être encore de sauver la France ensuite.

Il fallait, vu les fautes stratégiques qui avaient été commises, réunir l'armée dans une forte position, lui rendre la confiance et l'énergie par une victoire ; mais il fallait se hâter. Ce n'était pas chaque jour qui avait un prix immense ; c'était chaque heure.

Le 10, le 11, le 12 se passent et l'armée reste immobile. Quel était donc l'obstacle infranchissable qui s'opposait à sa marche ?

Le commandant en chef du génie de l'armée, qui était en même temps commandant supérieur de Metz, s'en rapporta à ses inférieurs pour l'exécution de ses ordres. Il laissa à des subalternes le soin de jeter des ponts, sans que la précision de ces ordres pût faire prévoir de quelle importance il était pour l'armée que ces ponts fussent jetés au plus tôt; les subalternes en prirent à leur aise, et les travaux furent si mal exécutés, que l'un des ponts fut emporté à peine achevé.

Pendant ces longs jours, déplorablement perdus, l'Empereur s'inquiétait, se désolait : ses lettres et dépêches en font foi.

Les désastres qu'avait déjà subis l'armée depuis le commencement des opérations, loin de faire jaillir de son esprit quelque trait de génie grâce auquel il pût combattre la mauvaise fortune, ne lui inspirèrent qu'une pensée : se retirer enfin et laisser à un autre, avec les responsabilités des événements néfastes, le soin de se tirer d'affaire comme il pourrait.

La situation de l'armée devenait, en effet, plus critique à chaque seconde. Par l'écrasement du maréchal de Mac-Mahon, elle avait perdu son aile droite; on était sans nouvelles du corps de Failly qui pouvait être dispersé, ou entouré et forcé de mettre bas les armes. En outre, il est certain que chaque jour perdu sur le plateau de Borny était activement mis à profit par l'ennemi, que plusieurs de ses corps d'armée étaient devant nous, et qu'il comprenait évidemment le but de notre retraite.

Si l'Empereur ne voyait pas cette situation dans tous ses détails et dans toute sa gravité, il la voyait néanmoins assez clairement pour être dans une extrême inquiétude. Il consulta le maréchal Bazaine.

Aux questions posées par l'Empereur, le maréchal répondit :

— Nous n'avons encore devant nous que trois corps d'armée ennemis ; il faut les attaquer. Nous avons la supériorité du nombre et celle de la position ; si Votre Majesté veut me charger de l'opération, je me fais fort de battre ces trois corps et de les renvoyer à la frontière. Ce succès relèvera le courage de l'armée, donnera au commandant en chef du génie le temps de construire ses ponts, rendra l'ennemi très circonspect, et nous passerons la Moselle sans être inquiétés.

— Non, lui répondit l'Empereur, témoin de l'affaissement moral de l'armée et se l'exagérant encore. Il faut passer la Moselle le plus tôt possible, — c'était son idée fixe. — Cette attaque retarderait le passage.

— Mais, Sire, le passage est impossible en ce moment, les ponts ne sont pas prêts ; pendant que nous nous battrons, ils s'achèveront peut-être. Et puis, il n'est pas possible, sans s'exposer à un désastre, de passer un défilé avec l'ennemi à dos : chassons donc l'ennemi d'abord, nous passerons ensuite.

— Non, il faut passer la Moselle, répétait l'Empereur. Si vous jugez nécessaire d'attaquer, eh bien ! il faudra attaquer en même temps que nous passerons.

— Mais, Sire, les deux opérations ne peuvent se faire simultanément. Je ne puis répondre du succès qu'à condition d'avoir la supériorité du nombre, eu égard à la démoralisation de l'armée ; et cette supériorité, je ne l'aurai pas, si un corps d'armée passe la rivière pendant que les autres se battront.

L'Empereur fut inflexible. Était-il possible de pousser plus loin l'entêtement et le trouble d'esprit ?

Napoléon Ier a dit [1] : « Au commencement d'une campagne, il faut bien méditer si l'on doit ou non s'avancer ; mais quand on a effectué l'offensive, il faut la soutenir, jusqu'à la dernière extrémité. Car, indépendamment de l'honneur des armes et du moral de l'armée, que l'on perd dans une retraite, du courage que l'on donne à son ennemi, les retraites sont plus désastreuses, coûtent plus d'hommes et de matériel que les affaires les plus sanglantes, avec cette différence que, dans une bataille, l'ennemi perd à peu près autant que vous, tandis que dans une retraite vous perdez sans qu'il perde. »

Telle n'était évidemment pas la manière de voir de son neveu, ou tout au moins de ses conseils !

Du reste, je dois constater que, de la conversation que je viens de reproduire, il n'a pas été dit un mot, au procès de Trianon.

L'Empereur était mort, et le maréchal Bazaine ne voulait pas charger sa mémoire. Fort bien ! Mais il semblerait vraiment que, pour une raison ou pour

---

1. *Mémoires écrits à Sainte-Hélène*, par MONTHOLON, et corrigés de la main impériale, tome V, p. 271.

une autre, le maréchal se fût volontairement privé de tous ses moyens de défense.

Le 12 août, l'Empereur nommait le maréchal Bazaine commandant en chef de l'armée du Rhin.

Voici, dans son ouvrage récemment publié à Madrid, comment le maréchal rend compte de la conversation qu'il eut avec l'Empereur sur ce sujet [1] :

L'Empereur m'écrivait, le 12 août :

« Mon cher Maréchal,

« Lorsqu'au commencement de la guerre, je créai plusieurs corps d'armée, dont quelques-uns étaient destinés à opérer loin de moi, je nommai le maréchal Le Bœuf major général, afin qu'il y eût de l'unité dans la direction des opérations militaires. Mais depuis que je vous ai nommé général en chef de l'armée du Rhin, les fonctions de major général deviennent superflues, et le maréchal Le Bœuf lui-même propose d'y renoncer.

« Je vous prie donc de prendre à votre état-major les officiers qui étaient auprès du maréchal Le Bœuf ; mes relations avec vous se feront par l'intermédiaire de mes aides de camp et officiers d'ordonnance.

« Croyez, mon cher Maréchal, à mon amitié.

« NAPOLÉON. »

Au reçu de cette lettre de service, le 12 août, dans l'après-midi, et à mon retour d'inspection du campement du 3ᵉ corps d'armée, dont je rectifiai plusieurs lignes mal établies par

---

1. *Épisode de la guerre de 1870 et le Blocus de Metz,* par l'ex-maréchal BAZAINE, p. 48.

rapport à une attaque probable de l'ennemi, je fus au quartier impérial à Metz pour saluer l'Empereur, le remercier de sa bienveillance, et en même temps faire observer à Sa Majesté que les maréchaux Certain Canrobert et de Mac-Mahon étaient plus anciens et plus aptes que moi pour exercer ce commandement, dans les conditions difficiles où se trouvait l'armée ; cet entretien eut lieu au rez-de-chaussée de la préfecture, où habitait l'Empereur, en présence de M. le maréchal Certain Canrobert et de M. le général Changarnier. Le premier, ne faisant aucune objection à mon observation, sembla décliner la responsabilité du commandement dans une telle situation, comme il l'avait fait du reste en Crimée, lorsqu'il remit le commandement au maréchal Pélissier : ses amis appellent cette conduite du désintéressement : c'est plutôt, comme on dit vulgairement, tirer son épingle du jeu. Quant au second, dont la réputation militaire était basée sur ses campagnes en Afrique, les seules de sa carrière, il fit observer que nous ne pourrions arriver à Verdun si on ne se pressait pas, car l'ennemi serait avant nous dans la direction de Fresnes, dont les positions seraient très difficiles à enlever, mais il n'émit aucun avis quant à l'offensive à prendre de la rive droite.

L'Empereur me répondit :

— L'opinion publique, unie à celle de l'armée, vous désigne à mon choix : Mac-Mahon a été malheureux à Frœshwiller, et Canrobert vient d'avoir son prestige égratigné au camp de Châlons ; il n'y a donc plus que vous d'intact, et c'est un ordre que je vous donne.

Voilà dans quelles conditions matérielles et morales le maréchal Bazaine fut investi du commandement en chef. C'était une lourde tâche que lui imposait l'Empereur, et dont d'autres, plus adroits, avaient décliné les responsabilités.

Les désastres étaient à prévoir avec une armée dans ces conditions-là, et tous ceux qui, jusqu'à ce jour, mus par des sentiments que je n'ai pas à analyser, avaient apporté dans l'exécution des ordres du maréchal la plus coupable lenteur, ou ne les avaient pas exécutés du tout, — ceux-là acceptèrent avec empressement un commandant en chef qui allait être responsable non seulement des fautes déjà commises, mais encore de celles qu'il leur restait à commettre.

J'ai dit, dans un de mes précédents ouvrages, combien les souverains savent exploiter à leur profit la popularité, la célébrité, le génie de leurs sujets, et se décharger sur eux de toutes leurs fautes. Louis XIV est devenu *Grand*, son siècle est un des quatre cités dans l'histoire, parce qu'il avait cette faculté portée au plus haut degré. Aussi la pensée de l'Empereur ne fut pas uniquement de donner à l'armée un chef digne de la conduire, et, comme il le disait naïvement, quoique un peu tard, que *l'opinion publique, unie à celle de l'armée, avait désigné à son choix*, malgré les intrigues politiques et les basses jalousies ; — mais surtout de faire porter à un autre le poids des nombreuses fautes qu'il venait de commettre, — sauvant à la fois, s'il lui était possible, sa réputation militaire et son trône, tous deux fortement ébranlés.

C'est une dépêche à l'Impératrice qui devait faire connaître le dessous des cartes :

Piétri à l'Impératrice.
Confidentiel pour l'Impératrice seule.

Metz, 8 août, 4 h. 30 soir.

N'écoutant que mon dévouement, j'ai demandé à l'Empereur s'il se sentait assez de force physique pour les fatigues d'une campagne active, de passer les journées à cheval et les nuits au bivouac. Il est convenu avec moi qu'il ne le pouvait pas. Je lui dis alors qu'il valait mieux aller à Paris réorganiser une autre armée, et soutenir l'élan national, avec le maréchal Le Bœuf comme ministre de la guerre, et laisser le commandement en chef de l'armée au maréchal Bazaine, qui en a la confiance, et auquel on attribue le pouvoir de tout réparer. S'il y avait encore un insuccès, l'Empereur n'en aurait plus la responsabilité entière.

C'est aussi l'avis des vrais amis de l'Empereur.

Et l'on m'a blâmé d'avoir écrit qu'en dehors de la patrie, à qui l'on doit tout, même sa vie, il ne faut pas se dévouer à ceux qui, sur les trônes, aspirent, disent-ils, à faire le bonheur des peuples, tout en exploitant leurs sujets!

Franchement, le jugement qu'a porté la majorité de la nation sur l'obéissance et le dévoûment qu'a montrés Bazaine envers son souverain, dans la bonne et la mauvaise fortune, n'est pas fait pour me donner tort.

L'Empereur se retirait, et il faisait bien! Mais il était déjà malheureusement trop tard ; et quoique investi du commandement en chef, Bazaine ne devait pas être livré à son initiative personnelle[1].

Napoléon III n'avait plus la responsabilité du commandement, mais il continuait à donner des ordres.

Le 16 au matin eut lieu le départ de l'Empereur. Voici, ainsi que le maréchal le dit lui-même, comment il en fut avisé[2] :

« Le 16, de grand matin, l'Empereur m'envoya chercher par un de ses officiers d'ordonnance. Pour ne pas perdre un instant, je me rendis seul, au galop, au quartier impérial. Je trouvai Sa Majesté déjà en voiture avec le Prince Impérial et le prince Napoléon. Les bagages étaient partis pendant la nuit, sous l'escorte du bataillon de grenadiers de service. La brigade de cavalerie du général de France (lanciers de la garde et dragons de l'Impératrice) était à cheval pour escorter l'Empereur. Cette brigade fut relevée à Conflans par une brigade de chasseurs d'Afrique, commandée par le général Margueritte ; je ne fus pas prévenu à l'avance de ces dispositions. Je m'approchai de la voiture, sans descendre de cheval ; l'Empereur paraissait souffrant, et il me dit ce peu de paroles : « Je me décide à partir pour Verdun

---

1. En nommant Bazaine au commandement en chef, l'Empereur ne lui avait même pas laissé la latitude habituelle de choisir son état-major ; il lui avait imposé en bloc celui du maréchal Le Bœuf.

2. *Épisode de la guerre de* 1870 *et le Blocus de Metz,* par l'ex-maréchal Bazaine, p. 77.

et Châlons; mettez-vous en route pour Verdun, dès que vous le pourrez. La gendarmerie a quitté Briey, par suite de l'arrivée des Prussiens. »

C'était partir enfin! mais bien inopinément, sans avoir consulté son général en chef, sans avoir pris son avis; c'était compliquer gravement la situation, ses dernières paroles étant encore des ordres.

L'Empereur arrivait le jour même à Châlons. J'ai dit ailleurs comment il fut accueilli par la Mobile [1] et quel était l'aspect du camp.

« En effet, à la place de l'ordre habituel, un désordre tel qu'il semblait que ce camp fût voué au pillage. Tous les petits ouvrages, jardinets, bustes, statues, jets d'eau, bosquets où s'égayait la fantaisie du troupier, — ravagés, détruits, renversés. A la place des généraux brodés, des chefs à l'uniforme maculé qui semblaient avoir peur de se montrer à leurs hommes. A la place des beaux régiments d'autrefois, ce ramas d'êtres sans discipline, sans cohésion et sans rang, ce grouillement de soldats boueux et sans armes qui s'appellent les isolés.

« Là, en dehors des tentes et des baraquements, où il n'y avait pas de place pour eux, accroupis ou couchés autour de feux de bivouac, sans distributions régulières, sans armes, l'uniforme en lambeaux, se tenaient les isolés du corps de Mac-Mahon, les

---

1. *Journal d'un officier d'ordonnance*, p. 20.

échappés de Reichshoffen, les débris des régiments foudroyés et éparpillés par la défaite : lignards sans fusils et sans gibernes, zouaves en caleçon, turcos sans turban, dragons sans casque, cuirassiers sans cuirasse, hussards sans sabretache. Monde inerte, ne vivant plus que de la vie végétative, se remuant à peine quand on le foulait aux pieds, et grognant d'être dérangé dans sa somnolence fatiguée. La plus grande partie de ces isolés était composée de zouaves et de turcos. Ceux-ci surtout avaient souffert.

« Et enfin, à la place des salves joyeuses d'artillerie d'autrefois, le silence, la houle de la foule qui murmure; et d'ailleurs, si on avait à cette heure entendu le canon, c'eût été le canon de Gravelotte, qui emportait des pelotons entiers de la garde impériale. »

Le 17 au matin il y eut, dans le baraquement impérial, une conférence que l'Empereur présida.

Elle était terminée à onze heures. Le prince Napoléon, le général Waubert de Genlis, aide de camp de l'Empereur, le général Schmitz se retirèrent aussitôt dans une des chambres du baraquement, et rédigèrent ensemble le décret qui nommait le général Trochu gouverneur de Paris.

Ce fut l'affaire d'un quart d'heure ; puis, sans perdre un instant, le général Schmitz porta le décret à la signature de l'Empereur, qui venait de se mettre à table pour déjeuner.

Le Prince Impérial, dans sa tunique de sous-lieutenant sur laquelle se détachait la médaille militaire, était à sa gauche. Les convives de l'Empereur étaient : les généraux Castelnau, Reille, Eugène Pajol, Ney de la Moscowa, Favié, de Courson, adjudant général du Palais ; les capitaines Hepp et D'Hendecourt ; ce dernier, quelques jours après, devait être tué à Sedan.

Voyant entrer le général Schmitz, l'Empereur dit : « Je signerai après déjeuner. » Mais, s'apercevant que ce général tenait à la main une plume qu'il venait de tremper dans l'encre : « Donnez, » ajouta-t-il. Puis, déposant sur son assiette la fourchette au bout de laquelle était piqué un morceau de melon, il signa, sans se déranger. Puis, avec sa bonhomie habituelle, en remettant le papier :

— Est-ce que Trochu a déjeuné ? Je crois que lui et moi n'avons pas mangé depuis vingt-quatre heures. Allez donc le chercher. »

Trochu arriva et se mit à table. A trois heures, le nouveau gouverneur de Paris partait avec le général Schmitz, qui devait être son chef d'état-major ; le capitaine de frégate Duperré, un des familiers de la maison de l'Impératrice, aujourd'hui vice-amiral, les avait devancés.

Trochu rédigea dans le wagon, écrivant sur ses genoux, sa fameuse proclamation aux habitants de Paris.

A onze heures trente, on entrait en gare.

Le général Trochu et le général Schmitz se rendirent immédiatement chez le ministre de l'intérieur,

M. Henri Chevreau, qu'ils trouvèrent dans son cabinet, assis devant son bureau.

Il était minuit.

Trochu lui montra le décret signé de l'Empereur et la proclamation qu'il avait rédigée en chemin de fer.

La stupéfaction de M. Chevreau serait difficile à décrire. Après quelques instants de conversation à bâtons rompus, il se leva tout à coup, comme quelqu'un qui a pris une résolution subite, et dit : « Je vais vous conduire chez l'Impératrice. »

On partit en effet pour les Tuileries, où l'on arriva à minuit et demi.

MM. Chevreau et Trochu furent immédiatement introduits chez Sa Majesté ; le général Schmitz restant dans le salon de service, où se trouvaient déjà MM. Conneau, lieutenant de vaisseau, et Piétri, préfet de police.

On connaît la conversation de l'Impératrice avec ces messieurs. L'amiral Jurien de la Gravière y assistait ; mais ce qui n'est pas connu, c'est qu'après les premières paroles prononcées, l'Impératrice interpella en ces termes le général Trochu :

— Général, ne pensez-vous pas qu'en raison des difficultés et de la gravité de la situation, il serait opportun de rappeler les princes d'Orléans ?

Trochu répondit :

— Je ne suis pour rien dans leur éloignement, mais je ne vois pas bien en quoi leur rappel pourrait modifier la situation ?

L'Impératrice porta vivement la conversation sur un autre sujet. Ce qu'elle venait de dire était le premier acte de défiance de la souveraine envers son gouverneur.

Trochu ne comprit pas sur-le-champ la portée de cette demande ; mais peu après, lorsqu'il se trouva avec madame Trochu, femme des plus distinguées et d'un mérite tout exceptionnel, il en eut l'explication :

— Comment ! vous n'avez pas compris qu'on vous prend pour un orléaniste, et que cette demande perfide avait pour but de vous démasquer immédiatement ?

Ibatur in insidias.

L'Impératrice avait été prévenue des décisions de l'Empereur par M. Duperré, qui, en descendant de chemin de fer, s'était rendu directement aux Tuileries. Elle ne fut donc pas surprise de l'arrivée du général Trochu, et suspendit un instant la conversation pour envoyer une dépêche à l'Empereur, lui disant que, pour rien au monde, il ne devait rentrer à Paris.

— C'est bien, dit alors Trochu, ma responsabilité de gouverneur était bien grande avec l'Empereur à Paris ; cette dépêche la diminue singulièrement.

On quitta les Tuileries. Le général Schmitz se rendit aussitôt au *Journal officiel* afin de faire imprimer le décret et la proclamation.

A six heures du matin, les deux généraux se retrouvaient chez le ministre de la Guerre, Montauban, comte de Palikao.

Le ministre, déjà au travail, fit introduire le général Trochu et le général Schmitz par le lieutenant-colonel de Clermont-Tonnerre, qui resta présent.

Lorsque Trochu eut mis le ministre au courant de son dernier entretien avec l'Empereur, lorsqu'il lui eut fait part de sa nouvelle situation et rendu compte de sa visite à l'Impératrice, le mécontentement qui s'accentuait de plus en plus sur la figure du ministre, prit un libre essor. Il interpella vivement Trochu :

— Suis-je ministre, oui ou non ? Suis-je responsable ? Les choses les plus graves se font en dehors de moi, sans même que j'en sois prévenu. Vous êtes gouverneur de Paris ? Qu'a encore décidé l'Empereur ? Du reste, n'ayant pas été avisé de votre nomination, je me demande ce que vous venez faire ici. Vous dérangez tous mes projets.

Et le ministre continua sur un ton très animé pendant un moment.

L'attitude du général Trochu, devant cet emportement, était déférente, respectueuse même ; et, profitant d'un instant où le général de Montauban reprenait haleine :

— Mais je ne suis et ne serai, monsieur le ministre, que votre subordonné.

Malgré toutes les assurances du nouveau gouverneur de Paris, Montauban était si contrarié de cette nomination, nouvelle preuve du peu de stabilité dans la direction des affaires, qu'il ne pouvait prendre sur lui de répondre avec bienveillance.

Le général Schmitz, chef d'état-major de Trochu, avait été également chef d'état-major de Montauban en Chine. Personne n'était donc en meilleure situation pour calmer la colère de son ancien chef. Aussi, faisant un appel à son patriotisme :

— Voyons, Messieurs ! dit-il, dans de telles circonstances, au moment où le pays a tant besoin d'hommes comme vous, vous créez entre vous des susceptibilités? C'est bien malheureux ! — Puis, s'adressant directement au ministre : — Voyons, mon général, vous savez bien que le général Trochu ne fait qu'exécuter un nouvel ordre de l'Empereur; il sera votre premier lieutenant.

On se quitta fraîchement. Pendant toute la conversation, Trochu avait appelé Montauban *Monsieur le Maréchal*. En sortant, le général Schmitz lui dit : — Pourquoi diable le traitiez-vous de maréchal? Excellence, passe! Mais maréchal, il ne l'est pas!

— Ah! c'est vrai! répondit Trochu; mais il le sera bientôt.

Non, Montauban ne devait pas être maréchal. Il avait plus que tout autre mérité cette haute dignité militaire après sa brillante campagne de Chine. Mais, je l'ai déjà dit, l'Empereur qui était si bon, si fidèle à ses amitiés, qui aimait tant à récompenser, eut la lâcheté de ne pas résister, en cette occasion, aux intrigues des militaires de cour, dont les succès de Montauban avaient déchaîné la jalousie, et qui, à leur tour, en face de l'ennemi, devaient avoir une grande part de responsabilité dans notre désastre national.

L'Empereur quittait Metz; il allait à Sedan, d'où, capitulant avant son nouveau général en chef, il devait écrire au roi de Prusse :

« N'ayant pu me faire tuer à la tête de mes soldats, j'envoie mon épée à Votre Majesté. »

Trochu venait s'enfermer dans Paris, où il devait capituler à son tour.

Ce fut dans un pareil moment et dans de telles conditions que fut remis le commandement en chef au maréchal Bazaine.

Le jugement porté sur les opérations sous Metz, sur la capitulation de la place fait l'objet des deux chapitres suivants.

J'ai la bonne fortune de reproduire ici les appréciations d'un correspondant militaire de grand talent, M. Archibald Forbes, qui suivit toute la campagne de 1870-71, attaché à l'état-major général allemand.

M. Archibald Forbes est sujet anglais; il a donc pu juger les Allemands et les Français avec toute l'impartialité d'un spectateur éclairé, dont les intérêts nationaux ne sont pas en jeu. Son curieux travail a été annoté par le maréchal Bazaine lui-même. Il est donc doublement intéressant.

CHAPITRE VI

Trop tard. — Honneur et Patrie. — Un bouc émissaire. — Nous sommes en révolution. — Pour les opérations militaires seulement. — Condamné aux honneurs. — Conséquence d'une dépêche de l'Impératrice. — Ambition et lâcheté. — Un soldat de fortune. — Les avantages de l'initiative. — Indécision et indiscipline. — Plus de vivres.

DÉFENSE DE BAZAINE[1]

PAR ARCHIBALD FORBES

Correspondant militaire anglais,

ANNOTÉ PAR LE MARÉCHAL BAZAINE

« *Trop tard* » sera le refrain du *Requiem* chanté sur la carrière de François-Achille Bazaine.

Trop tard il fut nommé au commandement de l'armée du Rhin.

Trop tard l'Empereur délivra cette armée et son commandant des embarras de sa présence et de son influence.

---

1. Nous avons cru devoir, afin de laisser à M. Archibald Forbes toute son originalité, traduire ses appréciations en conservant certaines tournures et expressions très anglaises.

Trop tard Bazaine eut sa liberté d'initiative, l'indépendance de ses mouvements.

Trop tard lui arrivèrent les injonctions enflammées de Gambetta de prolonger la défense de Metz ; et aujourd'hui, trop tard, dix ans après sa condamnation, il réfute les accusations qui ont couvert son nom d'ignominie.

« Trop tard, » dans la maligne série des faits petits et grands qui touchent à cet homme infortuné, viendra, je le crains, le jugement de l'article, qu'il m'a été permis d'écrire sur les événements qui amenèrent sa ruine, et que les révélations contenues dans sa défense ont éclairés.

Plusieurs mois se sont écoulés depuis la publication de cet ouvrage [1]. J'ai confiance que je puis sans présomption prétendre avoir quelques titres à le commenter, même aussi tardivement. C'est l'autre jour seulement que je suis revenu des antipodes [2]. J'ai été témoin de chaque combat auquel Bazaine fut mêlé, depuis le baptême du feu du pauvre Prince Impérial jusqu'au violent effort tenté le 7 octobre à Mézières-lès-Metz.

---

1. La publication de ce livre n'avait pas pour but ma défense, parce que *je ne me suis jamais senti coupable* ; mais la production des documents pouvant servir à écrire l'histoire de cette époque néfaste.

Pour arriver à ce résultat il n'est jamais *trop tard* ; et si je ne l'ai pas publié plus tôt, c'est sur l'invitation amicale de M. Rouher, qui ne jugeait pas le moment venu.

2. M. Archibald Forbes revenait d'Australie. (*Note de la traduction.*)

J'ai connu, comme je connais la paume de ma propre main, les lignes de l'armée allemande et les ouvrages qui entouraient Metz[1]. J'étais parmi les premiers qui entrèrent dans la ville après la capitulation, et je fus témoin du désarmement des soldats de Bazaine. J'assistais à son procès devant le Conseil de guerre. J'ai entendu le président du Conseil répondre par le solennel *Oui, à l'unanimité,* à la question de sa culpabilité. C'est à cause de cette connaissance intime que j'ai personnellement du sujet, que je demanderai d'excuser mon empressement à parler de sa toute dernière phase, bien qu'elle ait perdu l'éclat de la nouveauté.

Il m'a semblé reconnaître une nature virile dans Bazaine, en observant la calme et courageuse immobilité de son visage, tandis qu'une populace insensée s'acharnait autour de sa voiture en poussant les cris furieux de : *Lâche! Cochon! Polisson!* au moment où il quittait son quartier général pour se constituer prisonnier, quand la reddition fut consommée[2]. Il m'a

---

[1]. Il y a cependant des gens militaires et civils qui, désignés comme témoins à charge, témoignèrent que *ces travaux n'existaient pas.* Et ce qu'il y a de plus fort, c'est que nombre de pièces armant les ouvrages étaient en *bois peint.* On ne peut être plus idiotement crédule et méchant. Tous les racontars recueillis par l'instruction ont eu ce caractère mensonger.

[2]. C'est à cheval que j'ai quitté mon quartier général pour me rendre à Corny, et c'est à mon passage à Ars-sur-Moselle que les insultes ont été proférées, *de loin,* par les ouvriers des usines de ce centre industriel.

M. André, maire républicain d'Ars, qui fut plus tard député, puis préfet, ne fit rien pour la garnison de Metz.

semblé reconnaître encore cette virilité quand il fit face à ses juges, avant qu'ils se retirassent pour le condamner. Sa réponse à l'appel du duc d'Aumale, articulée tête haute, comme il convenait à un soldat français, une rougeur colorant ses joues blêmes, un éclair superbe de fierté sévère dans ses yeux bleus, mais sans le moindre tremblement dans cette vaillante voix, avec laquelle il avait si souvent commandé la marche en avant à plus d'un de ceux qui se trouvaient parmi ses auditeurs ; sa réponse, dis-je, pleine de dignité, fut prononcée d'une voix ferme :

« *J'ai sur la poitrine deux mots :* « *Honneur et Patrie* », *qui ont été la devise de ma vie. Je n'y ai jamais manqué, ni à Metz, ni pendant mes quarante-deux ans de service. Je le jure par le Christ!* »

Ce vieux *soldat*, qui avait littéralement trouvé son bâton de maréchal dans son sac, s'était toute sa vie conformé à cette noble devise. La simple et mâle dignité de son caractère se révèle à chaque page de cette défense, diffuse, sans art et singulièrement candide. Quand le général Rivières [1], l'auteur du rapport

---

1. Cet officier général, appartenant à l'arme du génie, avait été employé à Metz pendant mon commandement du 3ᵉ corps d'armée à Nancy.

D'un caractère porté à la critique, il blâmait les projets du comité de son arme sur les travaux à exécuter. Il put changer de résidence, et c'est à Lyon que la révolte du 4 septembre le trouva disposé à la servir.

M. le général de Cissey a affirmé que M. Thiers l'avait accepté

qui formulait l'accusation — un homme qui avait servi sous son commandement, — vint instruire son procès, il couvrit d'indignes railleries son ancien chef à l'heure de l'affliction. « *Ah! vous songiez, n'est-ce pas, à épargner votre armée pour l'imposer à la France lorsque Paris aurait succombé?* »

« Faites votre devoir! » fut la ferme réponse militaire de Bazaine.

Son sentiment inné de la discipline se trouve révélé dans sa résignation à endurer sa captivité dans l'île de Sainte-Marguerite, jusqu'à ce que l'ordre lui vînt de revêtir le costume gris du condamné.

« Le costume de l'infamie! » s'écrie le vieux soldat, dans un beau mouvement de désolation et de courroux.

« Cet outrage dépassait les bornes de la patience, ajouta-t-il, et je me décidai à m'évader, coûte que coûte. »

La vérité est que, de toutes les folies du temps, mêlé

parce qu'il s'était offert, mettant à l'appui de sa demande son désir de m'être utile.

Ce qu'avance M. Forbes est très vrai, quant à son attitude vis-à-vis de moi. C'était une lâcheté qui se reproduisait tous les jours.

J'ai bien souffert.

M. Challemel-Lacour, alors préfet de Lyon, voulut bien lui donner un commandement, qu'il déclina, disant qu'il s'en tirerait mal, mais qu'il ferait de bonnes fortifications.

A ce propos, je lui disais : « Pourquoi alors voulez-vous apprécier mes opérations? » Il me répondit d'un ton rogue : « Ah! voilà!... »

d'héroïsme et de bassesse, qui suivit la déchéance de l'Empire, de toutes les fausses pistes de vengeance sur lesquelles la nation française s'est ameutée en poussant des clameurs et des aboiements, avec d'autant plus de force qu'elle cherchait à se tromper elle-même, de toutes les injustices que commit jamais un peuple enragé de honte, torturé par un orgueil humilié, possédé du désir furieux d'avoir un bouc émissaire, de toutes les folies, dis-je, *la persécution de Bazaine fut la plus folle, la plus perfide et la plus cruelle*. Elle fut l'épisode le plus indigne et le plus vil d'une époque qui, si elle a été féconde en patriotisme, l'a été plus encore en indignité et en bassesse.

Bazaine fut sa victime.

L'honnête homme, le serviteur militaire de l'Empire fut abandonné, chargé de responsabilités, quand l'Empereur partait pour Châlons.

Le vieux soldat était l'objet de la jalousie et de l'antipathie des commandants de corps, ses subordonnés, qui étaient, eux, sortis des Écoles et représentaient l'aristocratie militaire.

La corruption de l'armée française, qui commença chez les chefs par une indiscipline affectée et une complaisance commode pour eux-mêmes [1], gagna les grades inférieurs et se traduisit par le désordre, la

---

[1]. Ce que j'entends par indiscipline n'est pas le refus absolu d'obéissance, mais la plus blâmable insouciance dans l'exécution rapide des ordres donnés, des instruction reçues.

désaffection et la désobéissance flagrante du soldat. Voilà ce qui fit échouer tous les efforts du maréchal pour prendre une offensive effective; et cela presque autant que la confusion et l'absence de préparatifs, résultant de l'insouciance d'un Empire qui mettait son sort en jeu avec sa fortune!

Quand Bazaine fit des remontrances au sujet des illégalités criantes commises dans la constitution et la procédure du Conseil d'enquête, qui précéda son Conseil de guerre, on lui répondit brièvement : « Nous sommes en révolution [1]. » Ce n'était pas une mauvaise raison en elle-même, mais celui qui la donnait ne se doutait peut-être pas qu'il formulait incidemment, de cette manière, la vraie défense de Bazaine.

Lorsque ce commandant cherchait à tâtons quelque lueur d'autorité légitime pour éclairer son devoir, lorsque la capitulation approchait, les incertitudes pleines de trouble de l'honnête soldat devenaient de de l'angoisse.

« Nous sommes en révolution. »

Bazaine était, avec ses bonnes intentions, victime de cet état de chaos, où la France allait à la dérive.

---

1. Dans la composition du conseil d'enquête, qui fut la même pour tous les commandants de place, quel qu'ait été leur grade, on a, en ce qui me concerne, foulé aux pieds le règlement, en faisant figurer dans le conseil le général d'Aurelles, qui avait commandé la 5ᵉ division, dont Metz faisait partie, pendant que je commandais le 3ᵉ corps d'armée, et en appelant en témoignage des individualités qui ne pouvaient *témoigner à aucun titre*.

Plus tard, lorsque son nom fut conspué en France, il devint une victime toute trouvée pour une foule de gens qui virent ainsi le moyen, en concentrant l'attention publique sur les accusations portées contre lui, de la détourner de leur propre conduite pendant la guerre.

C'est ainsi qu'on en fit un bouc émissaire, emportant avec lui, à Sainte-Marguerite, les péchés de toute cette ignoble époque[1]. Lui parti, de Cissey pouvait tenir la tête haute jusqu'à ce qu'une nouvelle honte l'écrasât. Frossard pouvait se réjouir dans l'assurance que la France ne le questionnerait plus sur sa mauvaise direction de l'affaire de Spickeren. De Failly n'avait plus à craindre d'enquête sur ce déjeuner au champagne qu'interrompit le canon bavarois. Le Bœuf n'avait plus à frissonner au souvenir de son assurance vaniteuse que l'armée était prête « jusqu'au dernier bouton de guêtre ». Forton pouvait maintenant légèrement sourire quand il se rappelait qu'avec trois divisions de cavalerie il se laissa arrêter le 15 août, dans

---

1. On mit à ma charge toutes les responsabilités qui ne pouvaient m'incomber. *Les généraux qui avaient été sous mes ordres* me traduisirent en conseil de guerre, dont les membres furent désignés par le gouverneur de Paris, qui avait été également sous mes ordres.

Il en fut de même du général rapporteur qui avait été deux fois sous mon commandement.

Quelle époque peut être citée comme ayant autant méprisé toutes les règles de la justice humaine?

Aucune.

son mouvement, par une poignée de ublans, et fut ainsi la cause première du blocus de Metz.

En effet, la condamnation de Bazaine blanchit toute l'armée française. La France accepta la ruine de sa réputation, et se donna en retour pleine décharge des défauts de son armée... On fit ainsi de Bazaine le Jonas de la réputation militaire de la France.

D'un bout à l'autre de cette tragi-comédie, le vieux soldat dévoué accepta tout, avec un cœur vaillant et une conscience pure. Chargé, au début de la guerre, de l'intérim du commandement de toute l'armée du Rhin, en attendant l'arrivée de l'Empereur, il s'y employa avec une mâle persévérance, bien qu'il fût embarrassé par des ordres contraires de Paris et entravé par la négligence et la désobéissance des généraux de corps d'armée. En homme prudent, il favorisa la défensive, quand il vit le profond désordre qui l'entourait. Au bout de dix jours, l'Empereur arriva à Metz. Bazaine fut relégué au second plan, au commandement d'un simple corps d'armée, et le fanfaron Le Bœuf déclara : « Il est temps maintenant de prendre l'offensive. »

L'offensive, en vérité, quand déjà les troupes, sur la défensive, étaient affamées faute de provisions! Le projet d'invasion était mort-né dans l'occupation avortée de Sarrebrück le 2 août; et, sous l'impression d'un contre-coup imminent, Bazaine, le soldat prêt à toute corvée, fut nommé au commandement de trois corps d'armée, avec la restriction injurieuse « pour les opérations militaires seulement ».

On a vu des généraux s'offenser d'un pareil traitement, mais Bazaine était un honnête sujet et un soldat désintéressé.

C'est alors que Frossard, désobéissant aux ordres, livra une aveugle et infructueuse bataille sur les hauteurs de Spickeren. Prenant une ligne de retraite qu'il choisit, malgré des instructions positives, et sans voir que la route qui lui était indiquée était ouverte, il abandonna les secours que Bazaine s'était hâté de lui envoyer[1]. A partir de ce moment jusqu'au 12 août, Bazaine, sous les ordres de l'Empereur, continua sa retraite sur Metz. Dans cet intervalle, avec la véritable appréciation stratégique de la situation, il avait pressé Napoléon de réunir l'armée en retraite de Mac-Mahon et le corps de Canrobert, dans la position où était alors le camp retranché de Frossard, dans un angle dominant près de Nancy. Mais l'Empereur était absorbé

---

1. A cet égard, il serait utile de prendre connaissance des lettres publiées par les généraux Castagny, Montaudon, Metman et Juniac, pour se disculper des reproches du général Frossard, à qui seul devait incomber la responsabilité du désastre de *Spickeren* dont les conséquences morales furent si funestes au 2ᵉ corps, et par suite à l'armée.

M. le général Rivières me reprocha de ne pas avoir été de ma personne au secours de Frossard, son chef (président du comité du génie).

C'est ainsi qu'il comprenait ma situation à Saint-Avold, dépendant directement de l'Empereur !

Pauvre génie !

par sa crainte, non militaire, de découvrir, même en apparence, la ligne directe de marche sur Paris.

Le 12 août, l'Empereur insista pour que Bazaine prît le commandement en chef de l'armée du Rhin, et Bazaine obéit à son maître en ceci comme en toute chose. De l'aveu de tous, l'objet de cette nomination était de décharger l'Empereur de la responsabilité des événements malheureux qui pourraient survenir, comme cela paraissait probable, et d'en charger les épaules d'un autre.

Bazaine prit le fardeau avec répugnance, mais avec obéissance ; il fut tout simplement un homme de paille. Nous sommes habitués au spectacle d'un chef d'armée, dont le chef d'état-major inspire les ordres et les actes. Mais pour Bazaine c'était le contraire ; il devenait un chef d'état-major responsable, obéissant en réalité aux ordres d'un souverain qui ne s'était dépouillé que du titre nominal de commandant en chef[1]. Les instructions de Napoléon à Bazaine, entre les 13 et 15 août, mettent amplement en évidence cette situation. Prenons un exemple daté du 14 :

---

[1]. Lorsque l'Empereur me remit verbalement le 12, dans la soirée, le commandement de l'armée, cette remise ne fut pas accompagnée de renseignements sur la situation de l'ennemi. La preuve, c'est que Sa Majesté elle-même ignorait sa présence si près du quartier impérial, quand elle se décida à quitter l'armée, le 16 au matin. L'état-major général n'en savait pas plus.

On opérait en aveugles, en véritables étourneaux.

7.

« *Donnez des ordres pour laisser la division Laveaucoupet à Metz, où elle relèvera la division Lafont de Villiers.*

« NAPOLÉON. »

On peut avancer que c'était là une position indigne de Bazaine, — si sa première pensée eût été sa réputation militaire; mais il avait mis de côté tout amour-propre. Son abnégation était absolue; il ne songea qu'à servir loyalement son maître. S'il eût été un homme énergique, très énergique, il aurait pu insister, dans l'intérêt de la France, pour faire à sa volonté. Mais rares sont les hommes qui ont le courage moral de faire une pareille résistance [1].

Il livra la bataille de Borny le 14, parce qu'il ne pouvait faire autrement, bien qu'il en dût résulter, de quelque façon que cela tournât, des retards à sa marche sur Verdun. La vérité est simplement que, dans l'épouvantable désordre de la situation militaire française, la stratégie allemande s'était imposée avec audace.

---

1. Vis-à-vis d'un souverain dont on est habitué à recevoir des instructions, des ordres depuis dix ans, et auquel on a toujours obéi, je regarde cette *résistance comme impossible et frisant de bien près l'indiscipline.*

Que n'a-t-on pas dit à propos de mon commandement au Mexique! Il en a été de même à l'armée du Rhin, puisque à l'enquête parlementaire on m'a demandé s'il était vrai que je m'étais séparé de l'Empereur?

Toujours les questions de tendance!

Le 15 fut continuée la marche sur Gravelotte, et le 16 au matin, l'Empereur se décida, à la surprise de Bazaine, à quitter l'armée. Il l'avait envoyé chercher, et Bazaine, venant au galop, trouva l'Empereur déjà en voiture, qui lui dit :

« *Je me décide à partir pour Verdun et Châlons; mettez-vous en route pour Verdun dès que vous le pourrez.* »

Il partit, et Bazaine se trouva pour la première fois, de fait, commandant de l'armée.

Sa situation, jusqu'à ce moment, n'avait eu aucun élément de réelle indépendance. Il avait fait pour le mieux. Il avait suggéré le projet de Frossard. Plus tard, il avait insisté pour une modification de ce projet en vue d'un mouvement offensif dans la direction du sud-est, mouvement qu'il avait proposé pour le 14 août. Il est certain, comme il l'avait jugé, qu'un tel mouvement aurait atteint les Allemands sur leur flanc droit, quand ils débouchaient vers la Moselle, au-dessus de Metz, et aurait pu avoir d'importants résultats.

Mais l'Empereur, alarmé d'apprendre, par une dépêche télégraphique de l'impératrice Eugénie, que le prince Frédéric-Charles marchait sur Verdun, en traversant le pays entre Thionville et la frontière du Luxembourg, insista, au contraire, pour une offensive dans cette direction. Le plan de Bazaine fut ainsi écarté, celui de l'Empereur ne fut pas exécuté, et, le 14, les Allemands prirent l'offensive en attaquant Bazaine à Borny. Il avait donc accepté ce combat, puis il avait traversé la Moselle et était arrivé sur le plateau de Gravelotte, en dépit de difficultés et d'obstacles qui l'avaient presque rendu fou [1].

Bazaine a été accusé d'avoir montré une coupable ambition en acceptant le commandement et en désirant ardemment l'éloignement de l'Empereur de l'armée, afin de pouvoir librement exécuter ses desseins. La vérité est qu'il pria l'Empereur de le dispenser de ce commandement et de le conférer plutôt à Canrobert ou à Mac-Mahon, faisant observer qu'ils étaient tous deux ses aînés et ses supérieurs. La réponse de l'Empereur fut l'ordre formel de prendre le commandement.

Était-ce là de l'ambition ? Je ne pense pas qu'il y ait aujourd'hui beaucoup de gens sérieux qui, de sang-froid, veuillent l'affirmer.

On ne pouvait pas non plus l'accuser de lâcheté : il était, à Borny, presque sous les yeux de l'Empereur, contusionné par un éclat d'obus.

Il se trouva au plus fort de la bataille de Mars-la-Tour, corps à corps, dans une situation des plus périlleuses.

Dans la marche sur Verdun, il y eut une mêlée avec

---

[1]. J'avais accepté ce combat malgré moi, et il n'aurait pas eu lieu si mes instructions pour la manœuvre du passage de la Moselle avaient été exactement suivies, sans perte de distance entre les échelons, et par conséquent perte de temps, dont profita l'ennemi.

les hussards de Brunswick. Autant la bravoure de Bazaine était celle d'un soldat, autant son courage moral était peu celui d'un chef d'armée responsable.

Sa responsabilité indépendante, avec le seul embarras des instructions impériales, « — qu'il eût à atteindre Verdun, — »' commença dès que la voiture de l'Empereur s'éloigna de l'auberge de Gravelotte. Le moment est donc opportun pour juger de sa capacité dans cette position nouvelle et des plus ardues [1].

Comme soldat, Bazaine avait un double caractère :

Dans les positions subordonnées, c'était un homme des plus capables. Sorti des rangs, il s'était élevé au sommet, uniquement par son mérite militaire. Sa bravoure personnelle était proverbiale. C'était un brillant officier, commandant également bien un peloton ou un corps d'armée, quand il agissait sous les ordres d'un supérieur. Comme commandant suprême, son caractère spécial ne permettait pas à ses qualités d'être aussi en relief. Il avait l'instinct de la guerre, mais non le génie du commandement. Toujours prêt pour le combat, il n'avait pas le don de tenir ce combat dans le creux de sa main.

Comme stratégiste, il était de la vieille école formaliste, et attachait par trop d'importance à la con-

---

[1]. Je n'ai pas eu l'initiative des mouvements.

On m'a imposé la solution d'un problème avec des données qui ne pouvaient, à moins d'un miracle, le résoudre en faveur de nos armes.

figuration physique du théâtre des opérations. Le maréchal Niel l'avait imprégné d'une grande confiance dans les avantages de la défensive[1]. Or la défensive n'a principalement d'importance que comme prélude, pour ainsi dire, de l'offensive; et Bazaine n'avait pas l'éclair qui inspire à un chef d'échanger la défensive contre l'offensive, avec l'impétuosité et le rapide courant de forces vives qui emportent le succès. Il avait l'œil du soldat pour le choix d'une position, comme Gravelotte l'a prouvé; mais, toutefois, une position est un moyen et non une fin. Et, comme beaucoup d'hommes capables avant lui, depuis Daun jusqu'à Maclellan, il était insuffisant pour le prompt coup de main d'une entreprise. Il négligeait un devoir, il avait le défaut tout français de ne pas faire de reconnaissances, et perdait du temps en délais et en détails.

Il a perdu en délais, il faut l'avouer, l'occasion d'atteindre Verdun. Il s'inquiéta de faire sortir de la vallée de la Moselle les traînards, au lieu de pousser ardemment en avant[2]. Il donna à sa principale divi-

---

[1]. On est réduit au rôle de la défensive quand les moyens dont on dispose sont inférieurs à ceux de l'ennemi.

Or, dans les guerres modernes, avec l'égalité des armes, de l'instruction et de l'expérience, le nombre fait beaucoup, et la victoire appartient généralement aux gros bataillons.

[2]. Ce service, tout au long tracé dans le règlement sur le service en campagne, doit être fait par ordre des généraux, des chefs d'état-major, etc., et ils ne doivent pas attendre pour l'exécution, soit de jour, soit de nuit, que l'initiative vienne du général en chef. Cela ne prouve qu'un fait, c'est qu'il existait une *male-*

sion de cavalerie Mars-la-Tour comme point de réunion pour la nuit du 15 ; il arriva, au contraire, qu'une poignée de uhlans allemands arrêta cette division à Vionville.

Le lendemain matin, il aurait dû être en route de bonne heure, mais les tentes étaient encore debout à midi, et ses ordres étaient de commencer la marche à une heure après midi. Il avait médité encore sur le projet Frossard jusqu'à ce que l'Empereur, en le quittant définitivement, lui donnât Verdun pour objectif.

Pendant ce temps, Alvensleben lui avait enlevé l'initiative.

Bazaine avoue franchement que l'attaque impétueuse des Allemands, le matin du 16, fut une surprise. Alvensleben lui donna une terrible leçon sur l'avantage de l'offensive.

Bazaine livra un rude et opiniâtre combat, mais, en réalité, il ne put jamais se dégager suffisamment pour prendre son élan hors de la défensive ; et le mieux qu'il fut capable de faire, et cela tout juste, fut de garder ses positions. Qu'il eût dû agir autrement, c'est incontestable !

Jusqu'à trois heures de l'après-midi, la force qui l'attaquait, le tenait aux abois et gagnait positivement

chance très préjudiciable au service dans les degrés de la hiérarchie.

Il n'y avait pas que des traînards, mais *des divisions entières* restées dans la vallée, qui ne sont arrivées en ligne que le *soir* du 16 août.

du terrain sur lui, ne consistait que dans le corps d'Alvensleben à peine fort de 30 000 hommes, tandis que Bazaine en avait, lui, 100 000 à sa disposition. Avec une vigoureuse offensive, il aurait balayé le plateau et rejeté l'ennemi dans les ravins de Gorze[1].

Bazaine est, dans tous les cas, assez candide et de bonne foi! « La bataille de Rezonville a été appréciée par l'opinion comme une victoire, écrit-il, mais on n'est victorieux que quand on reste maître complètement du champ de bataille et que l'on peut ensuite continuer ses opérations dans la direction voulue. Était-ce notre situation? Bien s'en faut : l'ennemi avait souffert, mais il restait maître des positions, d'où il menaçait notre flanc gauche à chaque pas que l'armée aurait voulu faire dans la direction de Verdun. Comment entreprendre une marche dans de pareilles conditions de tactique? C'eût été conduire l'armée à une défaite certaine. »

Il a le droit d'avoir son opinion, surtout quand on considère les responsabilités qui pesaient sur lui. J'ai entendu le prince Frédéric-Charles manifester son étonnement de ce que Bazaine ne se soit pas frayé un passage le 17 août. Mais il me semblait que le Prince

---

1. C'est bien ce que je voulais faire, mais la non-réussite de la charge des cuirassiers de la garde, la dispersion de l'état-major général, qui en a été la conséquence, le peu de solidité des 2e et 6e corps, l'éloignement du 4e sur la droite, la fatigue des troupes, me firent renoncer à mon projet. J'en avais parlé le matin du 16 à l'intendant général Wolff.

Rouge parlait en goguenardant. Personne ne savait mieux que lui que si, le 16, Bazaine n'avait pu se débarrasser d'Alvensleben qui était à la tête d'un seul corps d'armée, sa situation était infiniment moins favorable le 17, quand, non pas *un* mais *trois* corps d'armée allemands, se montraient sur son flanc [1].

Bazaine appréciait ses difficultés. On peut s'apercevoir, en lisant son livre, qu'il a eu également quelque idée de ses défauts.

La bataille du 16 avait été un avertissement : Bazaine avait pu constater un manque d'entente cordiale entre ses généraux, l'indiscipline et l'indécision parmi ses hommes.

L'armée avait quitté Metz dans la confusion et la désorganisation générale, insuffisamment pourvue de munitions et de vivres. Rezonville avait presque entièrement épuisé les cartouches, les caissons de munitions des deux corps qui avaient été le plus fortement engagés ; les autres en avaient fait également une grande dépense. Quant aux rations, le corps de Frossard, d'après son propre rapport, n'avait plus de biscuit et de riz que pour un seul jour. Une partie de la cavalerie avait manqué de grain, pendant quarante-huit heures.

---

[1]. Le prince *Frédéric-Charles* exprime dans son *rapport officiel*, inséré dans la *Gazette officielle* de Berlin, le soin qu'il prit de s'opposer à la marche présumée du 17 et d'en profiter *pour faire une attaque de flanc.*

J'ai donc bien fait de ne pas l'entreprendre.

Les hommes de Canrobert, de son propre aveu, n'avaient eux non plus « ni biscuit, ni viande, ni café, ni sucre, ni sel, ni riz », en un mot, ils étaient complètement dépourvus. Dans cette situation, Bazaine, qui n'avait assumé le commandement nominal de l'armée que depuis quatre jours, et qui, la veille encore, avait les mains liées par des ordres précis, ne peut être considéré comme responsable, quoiqu'on lui ait fait subir rudement toutes les conséquences de la responsabilité.

Il était nécessaire, pour l'armée, de se refaire de ses fatigues et de se ravitailler; dans ce but, une retraite, à portée d'une libre communication avec Metz, était la seule ressource. *On a dit, contre Bazaine,* qu'il n'avait eu aucunement l'intention de s'éloigner de Metz, mais que, dès les premiers moments de son commandement, son réel projet était de s'y retrancher[1]. La preuve du contraire est dans ce fait, qu'il livra la bataille de Gravelotte le 18.

C'était sacrifier, de gaieté de cœur, des forces qu'il avait intérêt à conserver, si son but était réellement

---

[1]. La calomnie provoque de la part de l'opinion toujours de fausses *suppositions de tendances* à agir de telle ou telle façon.
Si c'eût été ma pensée, j'aurais agi autrement.
Je me serais établi à Metz, me créant des partisans, et me substituant *au commandant titulaire* ainsi qu'aux autorités civiles; tandis que, *jusqu'au dernier jour,* j'ai maintenu le quartier général à l'extérieur, et chaque autorité dans ses attributions concernant la ville, dont je n'ai jamais été le commandant supérieur.

celui qu'on lui prêtait. Il regardait comme impossible de rester le 17 dans sa position; il se replia pour se refaire, et s'arrêta à Gravelotte pour offrir bataille à l'ennemi, dans l'espoir justifié que celui-ci viendrait se briser de lui-même contre cette position. Si l'ennemi refusait la bataille, il espérait, comme il l'écrivit à l'empereur dès le 17, être capable de se jeter au nord de la Meuse le 19. Si l'ennemi acceptait, il était battu. Inutile de dire alors ce qui pourrait arriver.

CHAPITRE VII

SUITE DE LA DÉFENSE DE BAZAINE
PAR ARCHIBALD FORBES

La victoire est aux gros bataillons. — Tout bâton est bon pour battre un chien. — Siège de Metz. — L'inaction. — La nuit n'est pas toujours le signal du repos. — Une victoire à la Pyrrhus. — Deux Français pour un Allemand. — Metz hôpital. — Vaincus par la faim.

Bazaine avait été habile dans le choix de la position de Gravelotte[1]. Dans cette sanglante journée, la conduite de son armée justifia pleinement sa préfé-

---

1. Ce n'est pas le village de Gravelotte seul, mais la ligne de crête, de ce village à Saint-Privat, que j'ai désignée pour défenses des lignes d'Amanvillers. Mais les partisans du maréchal Canrobert l'ont appelée la *bataille de Saint-Privat,* et cela pour qu'il en fût le héros!

C'est ainsi que les partis écrivent l'histoire!

Le résultat eût été autre si le commandant du 6ᵉ corps avait suivi mes instructions : 1º de ne pas s'étendre comme il l'a fait; 2º de se fortifier comme il ne l'a pas fait.

Il a été exprimé, au conseil d'enquête, que je m'étais *désintéressé* de la bataille du 18!

C'est plus qu'absurde, c'est odieux! J'étais à ma place, comme toujours.

rence pour la défensive. On peut avouer que les Allemands furent battus sur leur droite et au centre. Si la situation de Bazaine lui avait permis de prendre l'offensive avec sa gauche, le résultat aurait été très différent. Mais c'est une grande vérité que la victoire est du côté des gros bataillons.

Les bataillons de Bazaine n'étaient pas assez gros pour s'étendre au nord jusqu'à l'Orne, sur les rives de laquelle sa droite aurait dû rester. Il fut obligé, au contraire, de l'établir à Saint-Privat, position d'une grande force naturelle, dont Canrobert, quoiqu'il s'y tînt avec une valeur opiniâtre, n'avait pas tiré le meilleur parti, négligeant de la fortifier au moyen de retranchements. Les Allemands avaient assez d'hommes pour tenir Bazaine en respect tout le long de leurs lignes, et pour faire effectuer en même temps à un corps d'armée un grand mouvement tournant.

De plus, après une rude journée de combat, le prince royal de Saxe, ayant emporté l'avant-poste de Sainte-Marie-aux-Chênes, atteignit Canrobert sur sa droite découverte, tandis que Von Pape, avec la garde prussienne, le harcelait avec acharnement sur son front de bataille. Canrobert dut abandonner sa position, et la nuit tomba sur une défaite pour Bazaine, provenant d'un manque de tactique.

Elle trancha en même temps la question des douteuses possibilités de son éloignement de Metz.

Sa lettre du 19 à l'Empereur prouve cependant qu'il

nourrissait encore l'espoir, quand deux ou trois jours de repos auraient rendu la vigueur à son armée, de s'en aller vers Châlons, soit par Sainte-Menehould, soit par la route de Sedan, sur laquelle Mac-Mahon entreprit, d'une manière si désastreuse, de se rapprocher de lui.

Le reproche adressé à Bazaine relativement à Gravelotte, suivant le proverbe que *tout bâton est bon pour battre un chien*, a été qu'il n'envoya pas sa réserve, la garde impériale, au secours de Canrobert, dans sa position sur l'extrême droite. Bazaine donna à Canrobert tout ce qu'il osa donner comme réserve d'artillerie, appuyée d'une colonne d'infanterie, conduite par Bourbaki; mais il devait, pour ne pas tout risquer, conserver quelque réserve en main. Les Allemands le harcelaient violemment sur tout son front; s'ils l'eussent entamé sur quelque point, entre la Moselle et Amanvillers, Canrobert eût été tout à fait isolé.

Plus loin, le corps d'armée de Manteuffel, qui, lui, n'avait pas traversé la rivière, menaçait de l'attaquer par derrière, éventualité pour laquelle il devait être entièrement prêt.

Bazaine avait l'infériorité du nombre, ce qui est encore une plus mauvaise condition dans l'offensive que dans la défensive. Il avait à faire face à un grand nombre de dangers, et quand, dans l'avenir, on jugera sa conduite à un point de vue élevé et impartial, j'ose avancer que la critique militaire dira que Bazaine, à

Gravelotte, a livré un bon combat dans de très mauvaises conditions[1].

Dès le matin, après la bataille de Gravelotte, commença le siège de Metz.

Je fus témoin de ce commencement, quand, du petit plateau, au-dessus du Point-du-Jour, j'observais les fantassins allemands démolissant tranquillement les ouvrages et les parapets en terre des tranchées-abris, d'où les balles de chassepot les atteignaient la veille encore, longtemps après le coucher du soleil.

Les troupes de Bazaine, à quelques exceptions près, n'étaient pas en mauvais état moral, mais elles étaient fatiguées, désorganisées, et avaient besoin de repos. Le mauvais temps exerçait son influence.

Bazaine aurait pu de nouveau, au bout de quelques jours, tenter de faire une sortie, avant que les Allemands l'eussent encore enfermé dans un cercle aussi infranchissable qu'il le fut plus tard. La période dans laquelle il avait quelque chance de briser ce cercle s'étendit du 22 août jusqu'à la journée de Sedan.

---

1. C'est exact.
Le commandant du 6e corps a laissé dire, — pour dégager sa réputation et devenir le légendaire héros de Saint-Privat-la-Montagne. — Ah! le maréchal connaissait bien le caractère national, et il en a usé en Crimée comme à l'armée du Rhin!
Le commandant du 6e corps avait vécu à Paris, où il avait des amis; quant à moi, j'avais passé ma vie en campagne et je n'en avais pas.

Où devait-il aller, en supposant qu'il fût une fois dehors ?

Évidemment dans la direction nord-ouest, en marchant le long de la Meuse inférieure, essayant de rejoindre Mac-Mahon. Mais les Allemands pouvaient aussi deviner naturellement que tel était son objectif; et, pour y mettre obstacle, ils avaient, en dehors de l'arc de cercle d'investissement qui s'étendait d'Amanvillers à la route de Thionville, dans la vallée de la Moselle, quatre corps d'armée de 120 000 hommes.

Le pays, au sud et au sud-est de Metz, était peu garni d'Allemands; je crois que Bazaine aurait pu, à ce moment, gagner la route de Strasbourg; mais alors il aurait abandonné Mac-Mahon, qui se dirigeait sur Metz pour opérer sa jonction avec lui.

Qu'il soit resté trop inactif pendant dix jours après Gravelotte, on peut l'admettre. Ce fut cette inaction qui permit à trois corps d'armée allemands, détachés sous le commandement du prince royal de Saxe, de suivre la Meuse, pour se porter à la rencontre de Mac-Mahon, n'ayant point d'inquiétude sur la situation de l'armée du prince Frédéric-Charles derrière eux [1].

On peut dire, pour justifier l'inaction de Bazaine dans cet intervalle, que les commandants des corps

---

1. Ce temps fut mis à profit pour reconstituer l'armée, qui n'avait pour ainsi dire que des cadres très incomplets, par suite des pertes éprouvées.
Qui pouvait prévoir le 4 Septembre ?

d'armée, sous ses ordres, étaient tous d'avis de ne rien faire. Bien que, pour un général énergique, dans des conditions normales, un tel argument soit de peu de poids, on ne doit pas oublier cependant que deux de ces commandants de corps d'armée étaient maréchaux comme lui, et qu'il avait lui-même servi sous leurs ordres.

Il se mit pourtant de lui-même en mouvement, immédiatement après qu'il eut connaissance, d'une manière définitive, de la route que suivait Mac-Mahon. Il établit son armée dans un camp retranché sur la rive droite de la rivière. De ce camp, le 31 août, il dirigea trois corps sur la ligne d'investissement des Allemands, dans la direction nord-ouest, avec Sainte-Barbe comme objectif immédiat.

Nous avions toujours regardé cette sortie simplement comme une diversion en faveur de Mac-Mahon que l'on attendait; mais Bazaine rappelle son intention d'atteindre Thionville par un demi-circuit, avec ces trois corps, comptant ouvrir aux deux autres la route directe de la vallée de la Moselle.

C'est une fatale erreur que de ne pas activer une sortie sérieusement projetée.

Bazaine reproche à ses subordonnés leur lenteur; mais, de son propre aveu, le premier coup de canon de signal ne fut pas tiré avant deux heures après midi.

Deux heures, c'est bien pour le commencement

d'une sortie, seulement cela devrait être deux heures du matin[1]. A la nuit tombante, la tête de sa colonne d'attaque avait percé tout près de Sainte-Barbe, et alors, pour employer une phrase favorite de Bazaine, « la nuit suspendit le mouvement offensif ».

Mais pour les Allemands, la nuit ne suspendit rien, au contraire ; ils profitèrent de ce que l'obscurité est le signal du repos pour se lancer, au pas redoublé, sur la droite, sur la gauche et sur le front de l'armée de Bazaine; et ils poussèrent l'insolence jusqu'à interrompre, avant l'aurore, le sommeil de Le Bœuf, — qui avait cédé aux suggestions de la nuit en allant coucher dans le village de Servigny — par la plus vigoureuse et décisive contre-offensive.

Une panique s'ensuivit. Tout ce qui advint le jour suivant fut honteux pour les officiers et soldats français. Il y eut des querelles — des retraites précipitées — et chaque corps d'armée, ne pensant qu'à lui, découvrait les flancs de ses voisins de la façon la plus coupable. Les Allemands poussèrent en avant, toujours fermes, suivant leur habitude; et la tombée de la nuit du 1er septembre vit les troupes françaises se retirer dans leurs retranchements, avec une perte de 3 500 hommes.

1. Pas toujours, surtout quand on a une rivière à franchir. Mon intention, dès que j'aurais eu des nouvelles certaines de l'approche de l'armée de Châlons, était de marcher sur Château-Salins et Phalsbourg; en un mot, de reprendre l'offensive vers le Rhin.
Dieu ne l'a pas voulu!

Bazaine espérait encore voir arriver Mac-Mahon. Sans le tonnerre de son propre canon le 31 août, il aurait pu entendre dans l'éloignement un faible son, glas funèbre de l'armée de Mac-Mahon, en ce jour de désastre pour la France. Ce faible son, porté par la brise, venant du champ de bataille de Beaumont, distant de 65 milles, le prince Frédéric-Charles l'entendit de la colline d'Horimont, d'où il observait et soutenait le combat qui avait lieu sur les pentes de Servigny et Noisseville; mais ce triste et sourd grondement ne parvint pas aux oreilles de l'assiégé.

Après la capitulation de Sedan, les chances de faire une trouée se changèrent bientôt, pour Bazaine, en certitude d'échec. Supposons qu'il ait réussi; quel eût été son objectif? quel eût été son sort immédiat? Il eût été écrasé infailliblement dans la plaine par les Allemands, qui lui eussent ménagé un passage sur un point choisi, s'ils n'avaient préféré le réduire, en l'affamant dans sa forteresse.

Ce n'est pas douteux : ils étaient plus forts que lui, — dans la proportion de deux contre un, — mieux établis, meilleurs marcheurs et plus en train [1].

Il est, sans aucun doute, permis à un témoin oculaire, qui se trouvait du côté des Allemands pendant

---

1. Que peut-on dire de plus en faveur de ma prudence?
Le premier devoir d'un général est de conserver son armée, en ne l'usant pas inutilement pour la seule gloriole d'un combat sans résultat possible.

ce long investissement, d'exprimer la conviction qu'il était impossible à Bazaine de sortir de là.

Un *coup de main* était hors de question.

De la colline d'Horimont, de l'observatoire au sommet du mont Saint-Blaise, du morne devant Servigny et du plateau de Saint-Germain, je plongeais dans le camp retranché de Bazaine d'une telle hauteur qu'une simple compagnie n'aurait pu se former sans que je la visse. Sur ces points et beaucoup d'autres, il y avait continuellement des sentinelles aux aguets. Les sentinelles allemandes s'étaient avancées si près qu'elles pouvaient, en quelque sorte, entendre les palpitations du cœur de l'armée de Bazaine. A la moindre alerte, au moindre indice menaçant, la seconde ligne d'investissement devait se fondre dans la première, sur des positions déterminées et inexpugnables, permettant à de nouveaux renforts d'arriver de tous les côtés.

Fortifications, tranchées, batteries dont les feux se croisaient sur tout espace découvert, quelque petit qu'il fût, abris couverts derrière des abatis, et redoutes sur chaque point dominant, armées de canons de position, — tout cela, joint à une supériorité numérique écrasante, avec la méthode allemande, et un état moral supérieur, dû naturellement aux situations relatives, contre-balançait, en effet, l'avantage des Français dans leur possession des lignes intérieures [1].

---

1. Exposé très net!

Bazaine n'avait pas le pouvoir de sortir; mais il avait le sentiment que, du moins, il retenait autour de lui une grande armée allemande. Il se trompa, dans un sens purement militaire, en ne faisant pas de sorties plus fréquentes et plus vigoureuses, bien qu'on se soit appliqué à amoindrir l'importance de ses sorties, sous le rapport du nombre et de la vigueur.

En réduisant la question au point de vue du résultat strictement militaire, Bazaine n'eut pas tort de ne pas être plus énergique dans ses sorties[1]. Les Allemands connaissaient sa situation aussi bien, si ce n'est mieux que lui-même. Tant qu'il était à craindre, nulle cessation d'hostilité n'eût engagé les Allemands à se relâcher dans leur vigilance ni à diminuer leurs forces d'un seul homme. Ils pouvaient se soumettre à de grandes fatigues sans souffrir matériellement. Les coups que Bazaine pouvait leur porter retombaient bien plus terribles encore sur ses pauvres diables de soldats. Chaque Allemand aurait coûté deux Français. Il est facile de dire après coup qu'il eût mieux valu que les Français fussent tués dans cette proportion que d'aller pourrir dans les prisons allemandes; mais c'est au dernier moment que Bazaine entrevit cette sombre destinée, pour ce qui avait été la puissante armée du Rhin.

1. Où aurait-on soigné les blessés? les établissements hospitaliers étaient bondés de malades.

L'une des questions sur lesquelles le Conseil de guerre de Trianon se prononça « affirmativement » fut : si Bazaine avait capitulé sans épuiser tous les moyens de défense à sa disposition, et sans avoir fait tout ce que prescrivaient le devoir et l'honneur. A cette question, purement militaire, les faits suivants répondent pour le lecteur impartial, d'une tout autre façon ; ils n'ont pas été énoncés par Bazaine, mais mis en évidence devant le Conseil de guerre.

Déjà, au 15 septembre, on trouva nécessaire de réduire la ration de pain pour l'armée. Au 15 octobre, le général Coffinières, gouverneur de Metz, informait que 25,000 soldats malades manquaient de médicaments, de soulagements médicaux et de secours de toute espèce. Dix jours avant cette date, le médecin en chef de l'armée avait fait connaître le terrible développement de la fièvre typhoïde, la perte d'innombrables blessés atteints par la cruelle gangrène d'hôpital et par l'impitoyable empoisonnement du sang ; le typhus était si violent qu'il moissonnait les chirurgiens à la faux ; le scorbut était presque général, et une épidémie de dyssenterie avait pris de telles proportions que les hôpitaux, — et Metz tout entier était un hôpital, — n'auraient pu contenir un dixième des malades. Il avait exposé comment les patients atteints de maladies mortelles n'avaient d'autre nourriture que de la viande de cheval sans sel, et un peu de mauvais pain. Comme témoignage personnel à l'appui, je puis dire que j'ai vu des prisonniers et des déserteurs de l'armée assiégée amenés dans les lignes allemandes, rongés par le scorbut et les maladies cutanées, résultant évidemment de l'appauvrissement du sang, et affamés non pas comme des hommes, mais comme des loups.

L'armée qui, après la capitulation, défila pour se rendre prisonnière dans ses cantonnements, offrait le spectacle lamentable d'hommes décharnés, anémiques et couverts de pustules. Les malheureux mouraient comme des mouches pendant qu'ils attendaient dans leurs camps découverts, sous la pluie froide, que les trains de prisonniers fussent prêts pour les emmener en captivité; et la mortalité durant le voyage fut considérable.

Le 8 octobre, Coffinières présentait à Bazaine un état indicatif d'après lequel, même en réquisitionnant les approvisionnements de la ville, les vivres ne devaient pas aller au delà du 20 octobre. « *Telle est,* disait-il, — c'était un homme froid et dur, — *l'extrême limite à laquelle nous pouvons arriver, en épuisant toutes les ressources possibles.* »

Le 7, Bazaine avait fait une vigoureuse sortie dans la vallée de la Moselle, qui lui avait coûté 1 200 hommes et prouvait simplement la force de l'investissement.

Le 10, un conseil de guerre se prononça unanimement contre la possibilité de nouveaux efforts offensifs, et en faveur de négociations à ouvrir pour une honorable convention.

Ce n'est que le 25 octobre, *quatre jours après qu'on eut cessé de délivrer des rations*, que Bazaine et Changarnier essayèrent de négocier, non une capitulation, mais un armistice avec ravitaillement, éloignement de l'armée en Afrique, laissant Metz non rendu. Le Prince Rouge déclina la proposition *avec des démonstrations sympathiques*.

Bazaine se rabattit alors sur l'intention chimérique de faire une nouvelle tentative de sortie. Le conseil de guerre condamna l'idée à l'unanimité ; un général affirma qu'une sortie serait un *acte criminel*. Bazaine confesse tristement que c'eût été un acte de désespoir, un véritable suicide, offrant simplement une facile victoire à l'ennemi, et impliquant, pour celui auquel la patrie avait confié le commandement de tant de braves cœurs, le crime d'un sacrifice inutile.

Il ne traita que vaincu par la faim.

Le rapport qui établit l'accusation devant le Conseil de guerre contient ces propres termes[1] : *L'armée et la place de Metz ont tenu jusqu'au dernier morceau de pain.* Pourrait-on en dire autant de Paris, dont on acclama la résistance comme ayant amplement satisfait aux obligations *du devoir et de l'honneur* ?

---

1. De M. le général rapporteur.

Enfin, le 27 octobre, le général Jarras, avec les pouvoirs du commandant en chef et du Conseil de guerre, signa la capitulation, que le Conseil ratifia formellement dans son entier.

Le 28, les Allemands occupèrent Metz.

Le 29, l'armée française désarmée en sortait prisonnière. Les officiers conservaient leur épée. Bazaine n'obtint ce résultat que par sa vaillante résistance. Les jours sont passés où les hommes mangeaient leurs bottes avant de vouloir se rendre. Le sens commun et l'humanité ont mis hors d'usage ce cruel don quichottisme des âges barbares.

Metz tint, avant de se rendre, jusqu'à des extrémités plus rigoureuses qu'aucune autre place forte assiégée durant la guerre franco-allemande. De Saragosse à Plewna, nulle armée assiégée, pendant ce siècle, n'a supporté aussi longuement des privations plus aiguës.

Je n'affirmerais pas que Bazaine, lorsqu'il se rendit à Corny le jour de la reddition, fût aussi maigre que le stathouder lorsque Anvers se rendit au duc de Parme[1]; mais Osman-Pacha après sa résistance n'était pas non plus en mauvais état, ni Jules Favre plus décharné que d'habitude, quand il vint à Versailles négocier la capitulation de Paris.

Une autre charge contre Bazaine fut qu'il traita avec l'ennemi, contrairement au devoir et à l'honneur.

---

1. J'étais malade très sérieusement, et mon estomac ne pouvait plus digérer la viande de cheval.

En effet, on l'a *accusé d'avoir trahi la France*, et c'est cette accusation qui a noirci son nom. Or il est établi qu'il a tenu jusqu'au dernier morceau de pain; ainsi ses rapports avec l'ennemi n'ont pu avoir pour but une reddition prématurée. Il négocia avec l'ennemi, juste comme Jules Favre le fit à Ferrières et comme Thiers le fit encore à Versailles : mais il a agi avec le caractère d'un chef-patriote abandonné à ses propres lumières [1].

Nous sommes en révolution. De la nature de cette révolution, il ne savait rien que par ouï-dire. Le gouvernement de la Défense nationale n'avait jamais communiqué avec lui, il lui avait encore moins fait connaître les pouvoirs d'après lesquels il agissait. Ces pouvoirs étaient-ils autre chose qu'une usurpation, en attendant le vote d'une Assemblée nationale?

La France bouleversée, on le sait, avait acquiescé à l'initiative révolutionnaire de Paris, mais tous les renseignements que Bazaine obtint à ce sujet vinrent de fragments de journaux, ramassés au hasard, que les Allemands lui envoyèrent, ainsi que d'une communication du prince Frédéric-Charles. Bazaine et son armée avaient prêté serment de fidélité à l'Empire. L'Empereur l'avait placé où il était. Le dernier gou-

---

1. Je l'ai fait dans l'intérêt de la patrie agonisante et afin de lui éviter les malheurs qui l'ont accablée. Mon dévoûment a été celui d'un patriote, faisant le sacrifice de sa personnalité, de sa carrière et d'un passé glorieux.

vernement de France dont il avait eu connaissance était celui de la Régence.

Les Anglais n'ont pas l'habitude de regarder Monk comme un traître ; encore Monk alla-t-il plus loin que jamais Bazaine n'a songé à aller. Monk renversa un gouvernement établi en rappelant Charles II. Bazaine n'a eu qu'un espoir, — donner la paix à la France, en maintenant le gouvernement dont il était le serviteur assermenté. Les Allemands refusaient de traiter avec ces *messieurs du pavé*, qui avaient usurpé le pouvoir en attendant le vote national. Ney a été fusillé pour avoir fait ce que l'on sait, et Bazaine a été condamné à être fusillé pour avoir fait le contraire. Ney alla prématurément au-devant de Napoléon ; Bazaine ne voulut pas prématurément abandonner Napoléon renversé par la force.

C'était un temps où des hommes à l'esprit plus vif que celui de l'honnête vieux soldat, se trouvaient eux-mêmes embarrassés. Nous pouvons mettre de côté l'épisode de Régnier. Régnier était un instrument de Bismarck ; il fut désavoué par l'Impératrice et ne réussit pas à compromettre Bazaine.

Comme les jours d'octobre s'écoulaient, laissant l'armée dans son isolement, Bazaine et les généraux qui formaient son conseil, virent enfin, dans toute sa réalité, l'horreur d'une situation sans précédent dans l'histoire. Ils commandaient la seule armée régulière que possédât la France ; étaient-ils citoyens, sujets ou soldats? Ils voyaient clairement leur devoir militaire, — les événements l'ont prouvé ; — mais il pouvait y avoir des devoirs, à la fois civils et militaires, qui s'imposaient encore plus.

Comme militaires, ils comprenaient ce que comprend tout vrai soldat, pour ne pas dire tout homme de sens, c'est qu'après Sedan, la France était perdue. Elle ne pouvait que combattre et verser son sang, sans espérance d'obtenir d'autre résultat qu'une gloire stérile pour son courage et son opiniâtreté, mais qui, en revanche, ne pouvait qu'accroître sa propre misère et augmenter considérablement la dette nationale[1]. Ils résolurent ensemble, — et cette résolution fut plutôt celle d'une réunion de camarades, n'écoutant que leur patriotisme, que celle d'un conseil de guerre réuni sous la présidence du chef de l'armée — d'envoyer le général Boyer conférer avec Bismarck. Celui-ci suggéra un expédient qui permettrait aux assiégés de Metz de rester dans le chemin du devoir et de l'honneur. L'expédient avait besoin de la coopération de l'impératrice Eugénie, alors régente.

Celle-ci, tandis que l'armée de Metz appuierait la régence *ad interim*, devait adresser un manifeste à la nation, pour qu'elle se prononçât sur la forme de gouvernement qu'elle préférait. Cette transaction était conforme en tous points à celle que le gouvernement

---

1. Très exact.

de la Défense nationale accepta plus tard, seulement alors il n'y avait plus d'armée française. Il était nécessaire de soumettre cette proposition à l'Impératrice, le général Boyer se rendit en Angleterre dans cette intention ; mais il emporta avec lui, comme il en avait prévenu Bismarck, la stipulation expresse que le chef de Metz resterait en dehors de toute complication politique, et n'accepterait aucune délégation pour signer un traité impliquant des questions étrangères à l'armée.

La mission de Boyer n'avait donc d'autre but que de dégager l'armée de la situation où elle se trouvait et de la conserver à la France.

La négociation fut reconnue impraticable, et il ne resta plus que la question militaire.

Telle fut l'histoire de la « trahison » de Bazaine.

S'il y avait eu conspiration, les complices de Bazaine étaient des maréchaux de France, des commandants de corps d'armée, dont pas un ne fut blâmé pour sa conduite, et dont la plupart obtinrent plus tard de grands commandements sous la République.

L'officier qui dressa contre Bazaine l'acte d'accusation avait servi sous ses ordres. Le ministre de la guerre qui signa l'ordre de réunir son conseil de guerre, et qui eût signé l'ordre de son exécution si la sentence avait été exécutée, avait servi d'intermédiaire dans la négociation de la capitulation pour laquelle son ancien chef était mis en jugement. Si Bazaine avait été mis à mort, il aurait pu arriver qu'un de ses complices, dans sa nouvelle position comme gouverneur de Paris, fût obligé de désigner dans son commandement le peloton d'exécution [1].

Mais ce qui fut peut-être le côté grotesque, le plus hideux de cette cruelle tragédie de l'injustice humaine, c'est que la peine fût commuée grâce à la clémence d'un homme qui avait conduit lui-même une autre armée française dans une position telle, qu'elle avait dû *capituler en rase campagne*. La récompense de cet exploit avait été son élévation à la présidence de la République [2].

Le procès de Bazaine fut simplement un complot, destiné à apaiser la fureur de la France en lui jetant une victime, qu'il lui fût permis seulement de mâchonner, sans la déchirer tout à fait.

Bazaine fut accusé d'avoir capitulé *en rase campagne*, ce qu'il n'a pas fait, comme en témoignent suffisamment les ouvrages en terre des Allemands qui subsistent encore autour de Metz. Mais cette accusation contre lui a été formulée, parce que le code militaire

---

1. Les deux ministres de la guerre, de Cissey et du Barail, avaient été sous mes ordres à Metz, ainsi que le commandant de la 1re division militaire, gouverneur de Paris, qui nomma les juges, le conseil de guerre.

Ils étaient donc juges et parties, puis orléanistes.

2. Le maréchal avait été également sous mes ordres à l'armée du Rhin.

L'histoire de tous les peuples présente-t-elle une pareille parodie de la justice?

français prescrit la mort, sans permettre au Conseil de guerre aucune atténuation, lorsque la sentence s'applique à un commandant en chef qui s'est rendu en rase campagne. Ceci simplifiait les choses; mais le Conseil de guerre n'a pu se décider à prononcer son verdict de culpabilité sans stipuler que la sentence résultant de ce verdict ne serait pas mise à exécution. Je cite, pour terminer cet article, les paroles que M. le duc d'Aumale a écrites dans ce sens :

« Le maréchal Bazaine a pris et exercé le commandement de l'armée du Rhin au milieu de difficultés inouïes; il n'est responsable ni du désastreux début de la campagne, ni du choix des lignes d'opération. Il était toujours là où les boulets pleuvaient le plus. Dans tous les combats, il fut le plus brave des braves, et le 16 août, son courage personnel et son indomptable résolution sauvèrent la journée. Considérez l'état des services de l'engagé volontaire de 1831, comptez les campagnes, les blessures, les actions d'éclat qui lui ont mérité le bâton de maréchal de France. »

Alors, le président du Conseil de guerre, un officier qui n'avait pas servi durant la campagne, — écrivit au ministre de la Guerre, du Président de la République, qui avait fait lui-même, sauf les détails techniques, tout ce qui valut à Bazaine sa condamnation :

Ne faites pas fusiller cet homme conformément à notre sentence, mais chassez-le dans le désert, emportant au loin avec lui le courroux de la France et la responsabilité de toutes nos fautes[1].

J'ai cru devoir reproduire la lettre à laquelle M. Archibald Forbes fait allusion, lettre adressée au ministre de la Guerre par le Président et les juges :

Monsieur le Ministre,
Le Conseil de guerre vient de rendre son jugement contre M. le maréchal Bazaine.

Jurés, nous avons résolu les questions qui nous étaient posées, en n'écoutant que la voix de notre conscience. Nous

---

[1]. Cet exposé est lucide et franc pour qui aura la bonne foi d'avouer que l'opinion a été égarée :
Puis, comme on dit toujours, *on ne savait pas*.
Les plus coupables sont les généraux qui se sont joints aux détracteurs, pour se faire amnistier de leurs propres fautes pendant cette malheureuse campagne.
Ainsi on prête à l'un d'eux cette réflexion : « Ma foi, je ne veux pas perdre ma place. »
Ils étaient nombreux de cette école : « Chacun pour soi, Dieu pour tous ».
Quant aux combinaisons de tactique qui auraient pu être tentées, l'initiative appartient à la pensée de l'auteur; et, dans ce cas, il est toujours facile, après dix ans écoulés, d'offrir telle ou telle solution pour sortir d'une fâcheuse situation et l'on ne tient pas assez compte de l'état moral et physique des troupes à l'époque citée.
Il n'en est pas de même de *l'esprit de tendance*, dans lequel ont été dirigés l'Enquête, puis le Conseil de guerre.
On a voulu voir en moi un ambitieux, voulant s'imposer à la France au détriment de MM. Gambetta et consorts.
Voilà, dans sa brutalité, le but de ma mise en jugement :
Je gênais.

n'avons pas à revenir sur le long débat qui nous a éclairés. A Dieu seul nous devons compte des motifs de notre décision.

Juges, nous avons dû appliquer une loi inflexible et qui n'admet pas qu'aucune circonstance puisse atténuer un crime contre le devoir militaire.

Mais ces circonstances que la loi nous défendait d'invoquer, en rendant notre verdict, nous avons le droit de vous les indiquer.

Nous vous rappellerons que le maréchal Bazaine a pris et exercé le commandement de l'armée du Rhin au milieu de difficultés inouïes, qu'il n'est responsable ni du désastreux début de la campagne, ni du choix des lignes d'opérations.

Nous vous rappellerons qu'au feu, il s'est retrouvé lui-même; qu'à Borny, à Gravelotte, à Noisseville, nul ne l'a surpassé en vaillance, et que, le 16 août, il a, par la fermeté de son attitude, maintenu le centre de sa ligne de bataille.

Considérez l'état des services de l'engagé volontaire de 1831; comptez les campagnes, les blessures, les actions d'éclat qui lui ont mérité le bâton de maréchal de France.

Songez à la longue détention qu'il vient de subir; songez à ce supplice de deux mois pendant lesquels il a entendu chaque jour discuter son honneur devant lui, et vous vous unirez à nous pour prier le président de la République de ne pas laisser exécuter la sentence que nous venons de prononcer.

Recevez, Monsieur le Ministre, l'assurance de notre respect.

Le Président, H. D'ORLÉANS.

Les Juges : Général DE LA MOTTEROUGE.
          Général baron DE CHABAUD LA TOUR.
          Général J. TRIPIER.
          Général PRINCETEAU.
          Général RESSAYRE..
          Général DE MALROY.

CHAPITRE VII

Débâcle du 1er corps. — Mac-Mahon devant le Conseil d'enquête. — Imprévoyance. — Marche sur Mézières. — Un mouvement tournant qui est un désastre. — Deux jours perdus. — Capitulation en rase campagne. — L'épée de la France. — Les marchands de paroles. — Conjuration dans l'armée. — Le colonel d'Andlau. — Messieurs les *troueurs*. — Un article du *Berliner Börsen Zeitung*. — Périsse la France, mais sauvons la Révolution ! — Une dépêche de Gambetta.

J'ai dû anticiper sur les événements, afin de laisser la parole à des juges plus autorisés que moi ; je demande la permission de remonter un peu en arrière jusqu'au désastre de Reichshoffen.

Ce désastre fut suivi d'une fuite désordonnée, d'une véritable débâcle du 1er corps. Le maréchal de Mac-Mahon, la tête perdue, marche au milieu de cette confusion, sans songer un instant à y mettre un peu d'ordre, sans faire une seule fois acte de commandement. Les deux corps de Failly et Douai, abandonnés à eux-mêmes, connaissent le désastre et se retirent sans savoir où ils vont.

Si l'ennemi avait eu cette résolution, cette activité, dont il s'est vanté après le succès, aucun de ces trois corps ne devait arriver à Châlons.

A Bar-sur-Aube, enfin, le maréchal de Mac-Mahon donne pour la première fois de ses nouvelles au maréchal Bazaine, alors qu'il a dépassé de *trente lieues* la ligne de défense. A Châlons, son armée se reforme; mais elle est sous le coup du désastre de Reichshoffen.

Le corps le plus solide, le 1er, composé en grande partie de nos excellentes troupes d'Afrique, a été écrasé. Le soldat ne peut en apprécier la cause, il n'en éprouve que l'effet : le découragement.

Puis de nombreuses recrues arrivent, — fâcheuses recrues ! — Le maréchal, incapable de prendre par lui-même une résolution de général en chef, tiraillé par des avis contraires : de l'Empereur, qui est près de lui, et du ministre de la guerre qui est loin, mais qui voit juste, parce qu'il a, lui, les qualités d'un général en chef, le maréchal se décide enfin à marcher sur Metz.

Il a quatre et même cinq jours d'avance sur l'armée allemande; au lieu de filer comme une flèche, il fait cette marche lente et flottante qui aboutit à Sedan, au fond d'une cuvette, dont les armées allemandes occupent les bords. Voici comment s'exprime le maréchal de Mac-Mahon devant le Conseil d'enquête :

« Je me mis *en route le* 23, pour aller rejoindre le

maréchal Bazaine. On a beaucoup reproché au commandant de cette armée de n'avoir pas été assez vite, de n'avoir pu gagner Metz assez promptement, et d'avoir été cause des événements malheureux qui sont arrivés à Metz.

« Je me suis mis en route le 23. Ordre avait été donné que les mouvements fussent exécutés le plus vite possible, mais il y avait une chose à remarquer. Nous étions *mal organisés*. Les intendants qui appartenaient aux différents corps d'armée n'étaient arrivés que la veille, et, malgré des ordres précis, malgré toute la surveillance qu'on déploya, le service des vivres *fut très mal fait*.

« En partant de Châlons, nous croyions que nos hommes emportaient pour quatre jours de vivres.

« Je l'avais fait vérifier et je l'avais vérifié moi-même sur deux corps d'armée. Je croyais que les autres étaient dans la même position.

« Nous nous mîmes à marcher : *la route de Verdun*[1] était la plus courte, mais le prince royal de Saxe l'occupait avec des forces qu'on estimait à 160 000 *hommes*.

« J'étais donc obligé de prendre un peu plus vers le nord pour pouvoir rejoindre Bazaine.

« Dès le premier jour au soir, deux généraux commandants des corps d'armée, le général Ducrot et le général Lebrun, vinrent au quartier général à Attigny,

---

1. Le 24 août, les Saxons attaquaient Verdun.

et me dirent une chose à laquelle j'étais loin de m'attendre : c'est que leurs hommes manquaient de vivres par suite des fautes commises par les intendants. J'étais encore très près du chemin de fer. Je compris bien que *c'était chose très fâcheuse* que de perdre du temps, dans les circonstances où nous nous trouvions ; mais comme les plaines des environs de Châlons ne sont pas très riches en grain, je fus obligé d'appuyer à gauche et de venir à Rethel. Cela me fit perdre environ 24 heures. Je me réapprovisionnai et me remis en marche dans la direction de Stenay. Je croyais que c'était plus court.

« Laissant sur la droite le corps du prince de Saxe, j'arrivai de cette manière au Chêne-Populeux le 27 [1]. Là, je sus que le corps qui se trouvait sur ma droite était attaqué par les troupes prussiennes, de même qu'un autre qui se trouvait à Buzancy. Ceci me fit supposer que le prince de Prusse n'était pas loin (il avait été signalé du côté de Vouziers), et que, d'un

---

1. Le 27 août, le maréchal de Mac-Mahon arriva au Chêne-Populeux, direction de Stenay (qui en est distant d'une marche de six à sept heures), mais non à cette localité même, comme l'annonçait la dépêche venue de Thionville le 20.
Le lendemain le maréchal ordonna la retraite sur Mézières. Si le mouvement du maréchal de Mac-Mahon avait continué sur Stenay et Montmédy, il y avait des chances, après la démonstration du maréchal Bazaine du 26, qui avait donné le change à l'ennemi, pour qu'arrivant assez près de Metz, on entendît son canon, et que faisant alors un vigoureux effort, le 28 ou le 29, pour s'élever sur le plateau de la rive gauche, on pût opérer la jonction.

autre côté, le prince de Saxe était à peu près à notre hauteur du côté de Buzancy. *Dans cette position, je crus que nous devions nous replier.* D'ailleurs je savais par les habitants, et entre autres par M. de Montagnac, maire de Sedan, que, deux jours auparavant, le maréchal Bazaine n'avait pas quitté Metz ; par conséquent il ne pouvait pas encore être à Montmédy. Je donnai l'ordre de se replier sur Mézières. Il y eut même des bagages et de l'artillerie qui se mirent en route et qui arrivèrent jusqu'à Mézières.

« Le ministre de la Guerre fut averti de ce mouvement de retraite par la dépêche suivante :

« La première et la deuxième armée, plus de 200 000 hommes, bloquent Metz, principalement sur la rive gauche. Une force, évaluée à 50 000 hommes, serait établie sur la rive droite de la Meuse pour gêner la marche sur Metz ; des renseignements annoncent que l'armée du prince royal de Prusse se dirige aujourd'hui sur les Ardennes avec 150 000 hommes ; elle serait déjà à Ardeni.

« Je suis au Chêne-Populeux avec plus de 100 000 hommes. Depuis le 19, je n'ai aucune nouvelle de Bazaine. Si je me porte à sa rencontre, je serai attaqué par une partie de la première et de la deuxième armée qui, à la faveur des bois, peuvent dérober une force supérieure à la mienne, en même temps être attaqué par l'armée du prince de Prusse, me coupant toute ligne de retraite. Je me rapproche demain de Mézières, d'où je continuerai ma retraite, selon les événements, vers l'ouest. »

« Les ordres furent donnés en conséquence.

« Voici par quelle fatalité je crus devoir agir autrement : vers deux heures du matin, je reçus du ministre de la Guerre une dépêche chiffrée ainsi conçue :

« Si vous abandonnez Bazaine, la révolution est dans Paris, et vous serez attaqué vous-même par toutes les forces de l'ennemi contre le dehors. Paris se gardera, les fortifications sont terminées ; il me paraît urgent que vous puissiez parvenir rapidement jusqu'à Bazaine.

« Ce n'est pas le prince royal de Prusse qui est à Châlons, mais un des princes, frères du roi de Prusse, avec une avant-garde et des forces considérables de cavalerie. Je vous ai télégraphié ce matin deux renseignements qui indiquent que le prince royal de Prusse, sentant le danger auquel votre marche tournante expose et son armée et l'armée qui bloque Bazaine, avait changé de direction et marchait vers le nord. Vous avez au moins trente-six heures d'avance sur lui, peut-être quarante-huit. Vous n'avez devant vous qu'une partie des forces qui bloquent Metz, et qui, vous voyant vous retirer de Châlons sur Metz, s'étaient étendues sur l'Argonne. Votre mouvement sur Reims les avait trompées comme le prince royal de Prusse. Ici, tout le monde a senti la nécessité de dégager Bazaine et l'anxiété avec laquelle on vous suit est extrême.

« Ceci me faisait hésiter, lorsque je reçus une demi-heure après une autre dépêche en ces termes :

« Au nom du conseil des Ministres et du conseil privé, je

vous demande de secourir Bazaine, en profitant des trente heures d'avance que vous avez sur le prince de Prusse.

Je fais partir le corps de Vinoy sur Mézières [1].

« D'après ces renseignements du ministre de la Guerre je crus devoir continuer ma marche pour rejoindre Bazaine, que j'espérais encore trouver en route. C'est alors que fut exécuté ce malheureux mouvement, la chose *la plus malheureuse qu'il y ait eue dans toute la campagne.*

« Lorsque j'étais au Chêne-Populeux, j'avais donné l'ordre, dans la soirée, de diriger sur Mézières les bagages de tous les corps. Ils se mirent en route, d'autant plus que la veille déjà, ayant su que l'ennemi était du côté de Vouziers et de Buzancy, j'avais retenu tous les bagages de l'armée sur la rive gauche du canal qui passe au Chêne-Populeux. Il s'ensuivit que le lendemain, lorsque je donnai l'ordre de marcher en avant sur Stenay, le changement de direction amena sur la route une *confusion qui ralentit tout le mouvement.*

« J'avais donné l'ordre de se mettre en route sur Stenay, nous marchions dans cette direction, et j'étais encore au Chêne-Populeux lorsque j'appris, par un monsieur qui en venait, que Stenay était occupé par un corps prussien de 150 000 hommes et que le pont était détruit.

---

[1] Auquel le maréchal de Mac-Mahon n'a donné aucun ordre.

« N'ayant *pas d'équipage de pont à ma disposition*, je ne pouvais pas passer la Meuse sur le point que j'avais cru le plus convenable. Je fus encore obligé d'appuyer davantage sur la gauche et d'aller passer plus en aval à Mouzon et à Remilly.

« Je donnai des ordres aux corps pour se rabattre sur Mouzon. Il y eut encore un accident de route, et, bien que les chemins ne fussent pas mauvais, nous perdîmes encore du temps.

« En définitive, il est certain que, dans cette marche en avant, *je perdis deux jours, le premier en revenant sur Réthel, le second occasionné, d'un côté,* par le mouvement que j'avais prescrit pour revenir du Chêne-Populeux à Mézières, et de l'autre par l'obligation où je fus de changer la direction de Stenay pour me rabattre sur Mouzon. »

Il est impossible d'accumuler plus de fautes en moins de temps ; il est impossible aussi de trouver dans l'histoire un exemple de fatalité plus complète.

L'armée de Châlons, le dernier espoir de salut, disparaît tout entière en quelques heures.

Dieu veut que le maréchal de Mac-Mahon soit blessé dans la matinée du 1er septembre, qu'il quitte le commandement et que la responsabilité du désastre, qui lui revient tout entière, soit détournée de lui et tombe sur l'Empereur, qui avait cependant habilement manœuvré pour n'en avoir aucune.

C'est ce pauvre Empereur qui conclut la capitulation et qui est le coupable !

Voilà bien une capitulation en rase campagne : ce n'est pas douteux ; elle en a tous les caractères, et c'est le maréchal de Mac-Mahon, à qui l'illusion n'est pas permise, qui va donner des juges au maréchal Bazaine !

La nouvelle de cet épouvantable désastre, l'évanouissement du dernier espoir de l'armée de Metz, parvenait à son chef d'une manière positive le 12 septembre. A partir de ce moment, l'armée était absolument perdue à ses propres yeux, elle devait être raisonnablement perdue aux yeux de la France. Une place forte bloquée, fût-ce Paris, avec 300 000 combattants, ne peut rien faire contre un ennemi qui l'enserre dans un cercle d'airain, si elle ne peut tendre la main à une armée de secours. C'était le moment de traiter ; M. de Bismarck se serait alors probablement contenté de Strasbourg et d'une indemnité ; c'était beaucoup. Mais qu'était-ce en comparaison de ce qu'on devait exiger plus tard !

Quand M. de Bismarck demanda à l'Empereur :

— Sire, est-ce votre épée que vous rendez ou celle de la France ?

Il n'y avait pas à hésiter, l'Empereur aurait dû répondre : C'est l'épée de la France, et non pas :

« Je suis personnellement votre prisonnier ; quant à la paix, cela regarde le gouvernement de Paris.

Le gouvernement de Paris! Quelques heures après, c'était le gouvernement de la Défense nationale!

C'était la Révolution en face de l'ennemi ; la Révolution avec sa présomption habituelle, avec son ardeur dévorante du pouvoir, empressée de saisir l'occasion, si précieuse pour elle, de la disparition de toute force capable de la dompter, déclarant qu'elle allait sauver la patrie, — nous avons vu comment! — heureuse, malgré nos désastres, de succéder à l'empereur Napoléon, qui, sorti lui aussi de la Révolution, avait au moins consulté la nation, ce que s'est bien gardé de faire le gouvernement qui l'a remplacé.

Les députés de Paris se constituant en gouvernement de la Défense Nationale, de par leur propre autorité, il était heureux que ceux de Lyon n'en aient pas fait autant, ni ceux de Marseille! Il y aurait eu autant de gouvernements de la Défense Nationale que de grandes villes.

Ils avaient tous les mêmes droits.

Où étaient les éléments de la défense nationale? Il n'y en avait plus ; mais ces messieurs ne s'embarrassèrent pas pour si peu, et ils trouvèrent enfin l'occasion de prouver l'excellence des élucubrations de leur génie, la solidité de leurs thèses, soutenues si souvent à la tribune, que le temps des armées permanentes est passé, que le peuple armé est invincible.

On connaît leurs actes et quels en furent les résultats.

L'armée de Metz n'était, certes, point impérialiste ; mais lorsqu'un prisonnier français, qui avait pu franchir les lignes ennemies, apporta, dans le courant de septembre, deux journaux du 7 et du 10 relatant que l'Empereur avait été interné en Allemagne après avoir été pris avec son armée à Sedan ; que l'Impératrice avait quitté Paris le 4 septembre, et qu'un certain nombre de députés de Paris s'étaient arrogé le pouvoir, — cette armée, je le répète, qui n'était pas impérialiste, mais essentiellement française, ne crut pas devoir, sans renseignements positifs sur ce qui se passait, isolée, toute communication avec l'extérieur étant coupée, faire de la politique en face de l'ennemi. Elle ne voulut pas se révolter contre un Empereur qui tenait ses pouvoirs de cette France dont ils étaient les soldats, et pour laquelle tous les jours ils exposaient leur vie.

Le maréchal, leur chef, non seulement partageait leurs sentiments patriotiques, mais il devait encore s'efforcer de maintenir le respect de l'ordre et de l'autorité dans la ville, dont une partie des habitants était travaillée depuis longtemps par des agents à la solde de l'Allemagne.

On a reproché au maréchal Bazaine de ne pas avoir reconnu le gouvernement de la Défense Nationale, d'être resté fidèle à son souverain, à ses serments. C'est son crime, paraît-il ? En politique tout est si élastique, que c'est, paraît-il encore, sa véritable trahison.

Nous verrons plus tard ce qui serait advenu des membres du gouvernement de la Défense Nationale, si l'Impératrice eût, en traitant avec M. de Bismarck, accepté une diminution de ce territoire, que devaient céder si largement ceux qui, contre tout principe de morale et de patriotisme, s'étaient révoltés en face de l'ennemi.

J'ai dit ailleurs comment le général Trochu, soldat plein d'honneur, était accidentellement devenu président de ce gouvernement d'aventures, de ces « marchands de paroles », comme disent les Arabes en parlant des avocats.

Il n'est que trop vrai qu'en politique, comme dans la vie privée, il faut, de deux maux, savoir choisir le moindre.

Le maréchal à Metz s'efforçait d'accomplir son devoir militaire dans toute son étendue, il cherchait à relever le moral de ses soldats et à leur rendre le respect d'eux-mêmes, qu'avaient perdu une masse de fuyards de l'infanterie, qui, à la suite des batailles, rentraient en ville et mendiaient dans les rues ; il faisait cesser un scandale auquel le commandant supérieur aurait dû avoir la main ; pendant que le maréchal était occupé à tous ces soins, une conjuration se formait contre lui dans les cadres supérieurs de l'armée.

De cette conjuration, de ce crime, l'armée n'a rien su, quant au fond, quant au but caché ; elle n'en a connu qu'un résultat tout extérieur, parfaitement avouable et honorable.

Malgré cela, l'armée n'a point été longtemps dupe des manœuvres de Messieurs les *troueurs,* elle a de suite et très exactement découvert ce que leur apparence d'énergie, de courage, de dévoûment, de patriotisme à outrance, cachait d'ambitions personnelles et de perfide jactance.

Ces messieurs s'agitaient beaucoup, disaient tout haut : « Nous marchons à une capitulation, à une honte que nous ne voulons pas subir ; nous recruterons vingt mille ou même seulement dix mille braves, avec lesquels nous ferons une *trouée* dans les lignes prussiennes. »

C'était en petit la sortie en masse, la sortie torrentielle, — les femmes en avant, — réclamée par la garde nationale de Paris, dont quelques bataillons avaient fait héroïquement leur devoir, mais dont la majeure partie était tout aussi prompte à se débander et à se sauver en face de l'ennemi, qu'elle était bruyante et révoltée en ville, en réclamant l'honneur de faire cette fameuse sortie.

Si ce projet n'avait eu pour mobile que le sentiment vrai de l'honneur, que le courage, que le désespoir, l'armée aurait respecté cette douleur parce qu'elle eût été en effet respectable. Mais l'armée reconnut sans hésiter que ce projet avait une tout autre source et un tout autre but.

Ses auteurs savaient bien que les dix mille, et à plus forte raison les vingt mille *braves* qu'ils demandaient, ne se trouveraient pas; que, par conséquent, l'exploit qu'ils annonçaient n'avait aucune chance d'être tenté avec ses hasards et ses périls. Sous leur but avoué, il y en avait un autre inavoué, celui d'être connus un jour, — après la capitulation, qui soulèverait sans aucun doute la réprobation du gouvernement et du pays, — comme des officiers s'y étant opposés, opposition qui devait leur procurer honneur et avancement.

Quelques officiers supérieurs s'étaient joints de bonne foi aux meneurs de cette basse intrigue; mais l'armée, qui ne les estimait pas, leur avait donné, par dénigrement, ce nom de *troueurs*.

Qu'eût-elle pensé d'eux si elle avait su que leurs visées ne se bornaient pas là, qu'ils avaient organisé une conjuration dont le but était de faire, dans l'armée et dans la place, un second 4 septembre, de mettre en prison le maréchal Bazaine, le maréchal Le Bœuf, le maréchal Canrobert, le général Frossard, le général Desvaux, etc., tous les généraux enfin dont le caractère pouvait et devait les gêner, et de former dans la ville un nouveau Gouvernement Provisoire?

L'âme de cette conjuration, son pivot, sa cheville ouvrière, celui qui devait être la cause du procès Bazaine, celui enfin qui devait poursuivre son ancien chef de toute sa haine, c'était le colonel d'Andlau; le général que nos tribunaux viennent de frapper de cinq ans de prison, de 3 000 francs d'amende, de dix ans d'interdiction de ses droits civiques, l'associé de Mmes Ratazzi et Limouzin.

Quelques-uns des conjurés avaient pris le maréchal en haine parce qu'ils craignaient son mécontentement, ses révélations sur certains de leurs actes, le tort que ces révélations pouvaient leur faire; enfin quelques-uns espéraient se faire un marchepied du corps de leur victime.

Tous ces calculs, fondés sur l'état du gouvernement révolutionnaire de la France, étaient justes : la condamnation du maréchal l'a prouvé. Le colonel d'Andlau haïssait le maréchal, non seulement par ambition déçue, par vanité blessée, mais aussi, et surtout, parce que son caractère différait foncièrement du sien.

La part si grande, si capitale, qu'a eue le colonel d'Andlau dans la condamnation du maréchal Bazaine, s'explique facilement. Le maréchal fit adresser, à Metz, à ce colonel, de très vifs reproches, par son chef d'état-major, le général Jarras. Ces reproches arrivaient au lieu et place du grade de général de brigade, que le colonel d'Andlau venait de voir donner à deux colonels d'état-major jugés plus capables et plus dévoués à leur devoir. En outre, le colonel d'Andlau, intelligent, écrivain très exercé, avait été un des conférenciers du maréchal Niel, et un des plus félicités. Son orgueil en avait grandi et son ambition s'en était beaucoup accrue.

Tant d'autres conférenciers avaient dû à des travaux d'une médiocrité incontestable un avancement qu'ils n'auraient pas obtenu à d'autres titres.

Le maréchal, voyant la situation perdue, ne trouvant absolument aucune issue, se dit, avec sa modestie et sa simplicité habituelles, que les idées qui ne lui venaient pas, il les trouverait peut-être chez les officiers distingués de son état-major. Agissant, dans cette circonstance, comme devait le faire peu après Trochu à Paris, et du reste, selon les prescriptions de Napoléon Ier, il fit venir et consulta successivement plusieurs d'entre eux.

A ces questions, l'amour-propre aidant, les réponses abondèrent; mais le maréchal, avec bon sens et supériorité, démontra, en quelques mots irréfutables, la fausseté ou l'impossibilité de ces élucubrations.

Quelques-uns des officiers se rangèrent à l'avis de leur chef. D'autres, le colonel d'Andlau en tête — lui, le conférencier si applaudi! — furent profondément atteints par la blessure faite à leur amour-propre. Pendant ce temps, des sous-ordres poussaient activement l'armée à la révolte, les habitants au soulèvement.

Les capitaines Boyenval et Rossel étaient au premier rang de ces agitateurs.

Boyenval devait se suicider à quelque temps de là; Rossel devait être fusillé à Satory, comme général de la Commune.

Au moins pour ce dernier, ses manœuvres lui avaient procuré un avancement rapide !...

Il y avait aussi un sieur Valcourt, interprète dans l'état-major du général Blanchard, que son besoin désordonné de jouer un grand rôle devait amener peu après en police correctionnelle, pour escroquerie et faux.

Le temps a déjà fait justice des premiers accusateurs du maréchal Bazaine ; il en sera bientôt de même de leurs accusations.

Cette conjuration civile et militaire, soutenue par un journal *sang de bœuf*, avait des adhérents dans la garde nationale de Metz, qui parlait souvent de son ardent patriotisme, de son furieux désir d'aller au feu, et qui vint même l'exprimer au général Changarnier. Cette manifestation rappelait encore l'attitude de la garde nationale pendant le siège de Paris. Les manifestants se dispersèrent tout à coup sur les assurances qui leur furent données qu'on avait demandé pour eux le poste avancé de Ladonchamp, où à cette époque on se battait tous les jours.

La conjuration n'aboutit pas. Il fallait aux conjurés des soldats ; ils ne purent en débaucher. Mais après la Commune, voyant l'opinion publique, sous l'accusation monstrueuse lancée à la légère contre le maréchal par Gambetta dans le but d'enflammer le patriotisme, flotter sans consistance, tous ceux qui avaient intérêt à ce que la vérité ne fût pas connue, à

tromper l'opinion, à tromper le pays, s'entendirent.
Il parut alors un livre : *Metz, campagne et négociations* sous le prudent voile de l'anonyme.

Nous verrons plus loin comment M. d'Andlau s'en déclara l'auteur ; mais je tiens auparavant à montrer ce que l'on pensait en Allemagne du jugement que venait de porter Gambetta sur la conduite d'un maréchal de France. Je transcris un article du *Berliner Börsen Zeitung*, du samedi 5 novembre 1870 [1] :

« Au sujet du document dans lequel ces messieurs du gouvernement provisoire de Tours se sont appliqués, par la plume un peu prompte de M. Gambetta, à flétrir comme traître le maréchal Bazaine aux yeux de ses contemporains et de l'histoire, ainsi qu'au sujet de la capitulation elle-même, G. Freitag écrit ce qui suit dans le *Messager de la Frontière* :

Aussitôt après la nouvelle de la perte de la forteresse, sans connaître les circonstances qui l'expliquaient, des hommes qui représentent la plus haute autorité chez un peuple considérable, osent outrager, comme des écoliers, l'honneur militaire d'un homme qui, quels que puissent être son caractère et sa conduite, placé dans la situation la plus terrible et qui engageait le plus hautement sa responsabilité, a de toute manière, affronté plus de dangers et fait preuve de plus d'énergie que tous ces messieurs ensemble du gouvernement en ballon qui siège à Tours.

Ce ne serait pas la peine, pour un Allemand, de se préoccuper de leur répondre ; mais comme il s'est trouvé un journal allemand, dont le correspondant militaire a une grande prétention à être tenu en considération, qui a traité

[1]. Il doit y avoir erreur dans les chiffres.

de défection la conduite du maréchal, il est permis de rappeler ici l'état réel des choses.

Nous n'avons pas mission de rompre des lances pour l'énergie du maréchal Bazaine; nous voudrions seulement qu'on ne traitât pas plus durement que de raison un adversaire humilié. Nous savons, par la correspondance imprimée de Bazaine avec l'état-major impérial, que le maréchal, après avoir été cerné devant Metz, à la suite des batailles du 14, du 16 et du 18, reconnaissait dès le 20 août la gravité de sa situation. Ces trois grandes batailles, dont le prix a été recueilli le 27 octobre, avaient si gravement atteint notre armée victorieuse, que, malgré la victoire, un sombre sentiment de tristesse dominait, et que les commandants en chef de l'armée eux-mêmes se disaient que le carnage des batailles ne pouvait ainsi durer plus longtemps.

Nous sommes donc autorisés à admettre que le commandant en chef de l'armée française devait être aussi vivement préoccupé de la situation de sa propre armée.

Les Français avaient combattu trois jours sans succès, et pendant deux jours avaient été rejetés de tous côtés, en désordre, dans leurs positions concentrées; ils doivent avoir éprouvé des pertes énormes. Sur les 170 000 hommes que l'armée de Bazaine pouvait alors compter, elle avait bien perdu 50 000 tués ou blessés. En tous cas, le 19 et les jours suivants, l'armée était dans une situation telle qu'une tentative désespérée pour se faire jour n'avait aucune chance de réussir.

La vérité est, cependant, que ce ne fut que pendant les premiers jours de l'investissement que le général ainsi cerné put avoir la perspective de se faire jour, non pas avec toute son armée, mais peut-être avec une partie. Chaque jour, chaque heure, l'artillerie ennemie, couverte par des retranchements, resserrait plus étroitement autour de lui son cercle de feu.

Dès la première semaine du siège, on avait la conviction au quartier général allemand qu'une sortie n'était possible à Bazaine qu'au prix d'énormes pertes, et n'aurait d'autre résultat que de permettre à quelques débris de son armée de chercher un refuge dans le terrain coupé de la Lorraine méridionale et de Bassigny. Jusqu'au jour de Sedan le maréchal s'appliqua à renforcer son armée et espéra recevoir un secours du dehors; mais depuis la chute de Napoléon, il songea que son devoir était évidemment de sauvegarder aussi longtemps que possible l'armée impériale et la forteresse.

Dès lors, s'il parvenait à s'échapper, quelle perspective lui restait-il dans le pays ?

Il n'existait absolument plus aucune armée; dans le Midi régnaient l'anarchie et la république rouge; se faire jour jusqu'à Paris avec les débris de l'armée, il ne pouvait pas l'espérer, puisqu'il aurait derrière lui une armée deux fois aussi forte que la sienne et une deuxième armée devant lui. Car, à Metz, il y a eu, sans doute, 173 000 prisonniers, mais il faut en déduire 38 000 malades, 30 000 hommes de garnison qu'il fallait laisser en arrière; l'armée avec laquelle il pouvait tenir la campagne comprenait environ 105 000 hommes, sans chevaux de train ni de cavalerie, et l'artillerie n'ayant que de détestables attelages. Une pareille armée en rase campagne, poursuivie par un ennemi supérieur, est destinée à être dispersée et égorgée. Nous ne pensons pas que l'honneur militaire le plus scrupuleux justifie un général de sacrifier inutilement, dans de semblables circonstances, la vie d'une centaine de mille hommes.

Que d'ailleurs le maréchal ait éprouvé de la répugnance à livrer au gouvernement républicain les quelques débris qui auraient pu s'échapper de l'armée impériale, et à se voir proscrit lui-même comme bonapartiste maudit, cela est très vraisemblable. Mais nous ne pouvons admettre que cette pensée ait exercé sur sa conduite quelque influence blâmable.

Il a rendu son armée et la forteresse après une résistance opiniâtre, alors que les approvisionnements étaient épuisés; — et sous la menace de l'épuisement et au point de vue militaire, cela était parfaitement dans l'ordre.

Du reste, si Gambetta, dans un mouvement oratoire, avait traité Bazaine de traître, il n'avait pas absolument tort. Tout dépend du point de vue auquel on se place. Gambetta et Bazaine n'avaient pas la même manière de voir. Le premier devait dire peu après : « Périsse la France, mais sauvons la Révolution [1]. » Bazaine pensait au contraire : Périsse la Révolution; mais sauvons la France !

Leur manière de voir, je le répète, n'était évidemment pas la même.

Si Gambetta avait cru devoir, dans une proclamation, accuser Bazaine de trahison, parce que *cela faisait bien dans le paysage*, parce que c'était bien dans la note des vieux maîtres les Conventionnels, et qu'il espérait enflammer le patriotisme de tous ces pauvres diables, qui allaient se faire tuer, sans souliers et même sans fusil, — Gambetta était un homme trop supérieur, il avait trop d'esprit et de jugement pour croire à tout ce qu'il était obligé de débiter aux gogos qui buvaient ses paroles.

[1] Discours de Lille.

Quand il vit dans la suite que sa proclamation avait fait un trou plus profond qu'il ne le supposait, quand il vit encore que des intrigants, des lâches, que suivaient inconsciemment quelques gens de bonne foi, s'appuyaient sur cette proclamation pour traduire Bazaine devant un Conseil de guerre et le rendre seul responsable des fautes qu'eux et bien d'autres avaient commises, il y eut chez Gambetta, à ce moment, un juste sentiment de révolte.

Comme disait Napoléon Ier à Sainte-Hélène, il ne voyait pas la nécessité des crimes inutiles, surtout de ceux qui ne lui profitaient pas; et il envoya cette curieuse dépêche :

25 décembre, 2 h. 45 soir. — N° 5183.

Gambetta à Crémieux, Justice, de Freycinet et Laurier.

Qui donc a formé un conseil d'enquête pour juger Bazaine ?
L'enquête est faite; personne ne m'a consulté. Je m'y oppose *formellement*, et je vous prie d'arrêter ces choses.
Réponse immédiate.

C'était parler en dictateur. *L'enquête est faite*, c'était bientôt dit! Où et comment avait été faite cette enquête? Mais, sous la dictature de Gambetta, on n'y regardait pas de si près : « Bazaine a trahi! » avait-il écrit dans une proclamation; c'était à cela que se résumait toute son enquête. A cette époque, Gambetta n'avait pas intérêt à faire juger Bazaine. Il fallait s'arrêter là. Il avait levé un lièvre, mais n'entendait pas qu'il fût forcé. Juger publiquement Bazaine ! C'était aller trop loin. Ses intérêts n'étaient pas encore en jeu comme ils le furent plus tard.

CHAPITRE IX

Metz, Campagne et Négociations. — Lettres du colonel d'Andlau.
— Faux témoignages. — Les drapeaux. — Lettre du colonel
Melchior. — Déposition des généraux Pé de Arros et Picard. —
Déposition du capitaine Mornay-Soult. — Le drapeau allemand
de Rezonville. — Les drapeaux de Paris.

Le livre de M. le colonel comte d'Andlau, plein d'insinuations mensongères, d'hypothèses perfides, de documents illégalement copiés, le tout habillé très convenablement, d'un style facile, a pleinement atteint le but qu'il se proposait. Ce livre, à lui seul, a préparé et assuré la condamnation du maréchal.

Voici comment, devant le premier conseil de guerre, le général, alors colonel d'Andlau, s'en est déclaré l'auteur :

M. LE PRÉSIDENT. — Vous avez achevé votre déposition ?

M. LE COLONEL D'ANDLAU. — Oui, monsieur le Président.

M. LE PRÉSIDENT. — M. le commissaire du Gouvernement a-t-il quelque question à poser au témoin?... et l'un de MM. les Juges?... et M. le Défenseur?...

Me LACHAUD. — Oui, monsieur le Président; j'ai à vous prier d'adresser deux questions à M. le colonel d'Andlau : ces deux questions ne sont pas relatives à l'affaire; mais, comme M. le colonel d'Andlau ne doit plus reparaître ici, il m'a semblé nécessaire de lui poser ces deux questions :

Il a paru un livre, sans nom d'auteur et intitulé : « *Metz, campagne et négociations.* » J'ai l'honneur de vous prier, monsieur le Président, de demander à M. le colonel d'Andlau s'il en est l'auteur?

M. LE PRÉSIDENT. — M. le colonel d'Andlau est-il obligé de répondre à cette question sous la foi du serment qu'il a prêté?

M. le Défenseur me paraît ici se placer dans cet ordre d'idées que l'accusé ou son défenseur a le droit de dire ce qui lui convient contre les témoins; mais il me semble que, dans cet ordre d'idées, le témoin ne peut être obligé de répondre, sous la foi du serment, à une question qui n'intéresse pas l'objet même du débat. Avant d'aller plus loin, monsieur le Défenseur, je vous pose à vous-même, comme jurisconsulte, cette question.

Me LACHAUD. — Monsieur le Président, la loi m'autorise à dire, dans ma conscience, tout ce que je considère utile à la défense et à réclamer tous les renseignements qui, selon moi, peuvent apporter ici la lumière ; et vous-même, monsieur le Président, le premier jour de ce débat, l'avez rappelé à M. le maréchal Bazaine.

Or, quand un écrit, que je n'ai pas à qualifier quant à présent, quand une lettre, dont je parlerai plus tard et que je lirai, — sont imputés à un témoin, — pour pouvoir dire librement ce que je pense du témoin qui est réputé avoir écrit de semblables pages, il faut avant tout que je sache s'il en accepte la responsabilité. Si M. le colonel d'Andlau ne veut pas répondre à la question que je prie M. le Président de lui adresser, il en a le droit ; je garderai tous mes avantages.

M. LE PRÉSIDENT, *au témoin*. — Colonel, je vous rappelle que vous n'êtes pas obligé de répondre, sous la foi du serment, à la question que je vais vous poser.

Êtes-vous l'auteur du livre intitulé : *Metz, campagne et négociations* ?

M. LE COLONEL D'ANDLAU. — Oui, monsieur le Président.

M. LE PRÉSIDENT. — Vous aviez le droit de ne pas répondre ; vous avez répondu.

M⁰ LACHAUD. — Monsieur le Président, auriez-vous la bonté de demander maintenant au témoin s'il a été autorisé par M. le maréchal Bazaine ou par M. le ministre de la Guerre à prendre copie de tous les documents officiels qui sont insérés dans son livre.

M. LE PRÉSIDENT. — Vous avez entendu la question ?

Veuillez y répondre, avez-vous été autorisé à prendre régulièrement copie de ces documents auxquels M. le Défenseur vient de faire allusion?

M. LE COLONEL D'ANDLAU. — Non, monsieur le Président.

M⁰ LACHAUD. — Il me reste à poser au témoin une troisième question. M. le colonel d'Andlau accepte-t-il la responsabilité d'une lettre qui a paru le 22 décembre 1870, dans un journal étranger, lettre qui, évidemment, a dû être écrite par lui, parce qu'il y a des indications que je ferai connaître plus tard, et qui ne permettent pas de chercher un autre auteur.

M. LE PRÉSIDENT. — Colonel, je répète que vous n'êtes pas obligé de répondre, sous la foi du serment, à cette nouvelle question : acceptez-vous la responsabilité de la lettre dont il vient d'être parlé?

M. LE COLONEL D'ANDLAU. — Je reconnais que cette lettre a été écrite par moi le jour où j'arrivais à Hambourg, après avoir été traîné au milieu de toute l'Allemagne, après avoir vu rendre nos armes et nos canons; j'étais dans un état d'exaspération facile à comprendre.

Mais cette lettre devait être gardée dans le secret le plus complet, et c'est par la plus épouvantable des indiscrétions qu'elle a été publiée par un journal auquel j'ai écrit dès le lendemain, pour réclamer contre cette publication.

M. LE PRÉSIDENT.— Vous avez répondu à la question.

M. le Défenseur a-t-il d'autres questions à adresser?

Me LACHAUD. — Non, monsieur le Président.

Avec l'assentiment du ministère public et de la défense, j'autorise M. le colonel d'Andlau à se retirer jusqu'au moment où le conseil pourrait avoir à l'entendre de nouveau [1].

(M. le colonel d'Andlau se retire.)

Comme il me paraît bon que le lecteur puisse se faire une juste idée du premier, du principal accusateur du maréchal Bazaine, je transcris ici la lettre de M. le colonel d'Andlau, parue dans l'*Indépendance belge* du 22 décembre 1870 :

Hambourg, 27 novembre 1870.

Votre lettre du 4 novembre m'arrive à l'instant, et vous voyez que je ne perds pas de temps, de mon côté, à vous écrire, à vous remercier de votre bon intérêt, et à vous dire que je vais aussi bien qu'on peut aller, dans la triste situation où l'incapacité et la trahison ont jeté notre malheureux pays. En présence de semblables infortunes, la nôtre disparaîtrait presque, si elle ne devait pas avoir pour conséquence l'extension de l'envahissement, et, par suite, l'aggravation du mal pour cette France, déjà si terriblement atteinte.

Vous rappelez-vous *ma, ou mes lettres de Metz?* ce que je vous disais de ce qui se passait alors et ce que je prévoyais déjà en face des imbécillités et des faiblesses, dont j'avais le

---

1. Il me semble qu'il y a ici erreur dans le compte-rendu officiel des débats du conseil de guerre.

Ce n'a pas dû être Me Lachaud qui a permis au colonel d'Andlau de se retirer, mais M. le Président.

triste spectacle? Mais, hélas! il y avait une chose que je n'avais pas prévue, et que la Providence réservait comme un dernier châtiment de notre orgueil et de notre décrépitude morale: c'était la trahison!

Eh bien, cette douleur-là ne nous a pas même été épargnée, et nous avons assisté au honteux spectacle d'un maréchal de France, voulant faire de sa honte le marchepied de sa grandeur, de notre infamie la base de sa dictature; livrant ses soldats sans armes, comme un troupeau qu'on mène à l'abattoir, et qu'on remet au boucher; donnant ses armes, ses canons, ses drapeaux, pour sauver sa caisse et son argenterie; oubliant à la fois tous ses devoirs d'homme, de général, de Français, et se sauvant furtivement, au petit jour, pour échapper aux insultes qui l'attendaient, ou peut-être à la fureur qui l'aurait frappé... Voilà ce que j'ai vu pendant deux longs mois; voilà ce que j'ai dit haut, à tel point qu'il m'a menacé de me faire arrêter ainsi que mon ami S...; mais il n'en a même pas eu le courage, il m'a refusé cette satisfaction!

Nous avons assisté à une trame ourdie de longue main, dont les fils ont été aussi multiples que les motifs, et cet homme a obéi à des pensées si diverses, qu'on en est à se demander aujourd'hui, s'il n'était pas tombé dans cette imbécillité qui semblait être devenue l'apanage de cette honteuse dynastie et de ses créatures.

Il a d'abord trahi l'Empereur pour rester seul, et se faire gloire à lui-même; puis il a manqué à ses devoirs de soldat, en ne voulant pas aller au secours de l'armée qui marchait sur Sedan, par haine de Mac-Mahon, et pour ne pas servir à un accroissement d'illustration pour celui qu'il appelait son rival. La catastrophe arrive, le trône est renversé, et il allait se rallier à la République, quand Trochu apparaît, avec la grande position que la situation lui avait faite; il ne voit plus pour lui la première place, celle qui peut seule lui assurer les gros traitements dont il s'est habitué à jouir, et il trahit alors la République et la France, pour chercher je ne sais quelle combinaison politique qui fera de lui le dictateur du pays, sous la protection des baïonnettes prussiennes; cette combinaison lui échappe, et il se tourne alors vers la pensée impie d'une restauration impériale qui conviendrait à là Prusse, et lui assurerait toujours ce premier rôle auquel il aspire, sans souci de son honneur, pas plus que de celui de son armée. Mais l'ennemi ne veut plus rien entendre, car il le sait actuellement sans ressources, et il n'a pas même alors le courage de nous faire tuer; il préfère nous déshonorer et noyer sa honte dans celle de notre armée. Voilà ce qu'a fait cet homme! Quelle leçon pour les popularités mal acquises! quel réveil pour ceux qui ont pu croire un instant aux hommes de cette triste époque! Bien des esprits sagaces ont deviné le mal au début, bien des braves cœurs ont voulu le prévenir, et je vous dirai que ce sera pour moi un honneur d'avoir été un des auteurs de la conspiration qui se formait aux premiers jours d'octobre pour forcer Bazaine à marcher ou le déposer; les généraux Aymard, Courcy, Clinchant, Piéchot; les colonels Boissonet, Lewal, Davoust d'Auerstœdt, d'Andlau, nous voulions à toute force sortir de l'impasse vers laquelle on nous précipitait, et que les autres ne voyaient ou ne voulaient pas voir... Mais il nous fallait un chef, un général de division, dont le nom et l'ancienneté eussent pu rallier l'armée, dont nous aurions arrêté les chefs.

Eh bien! pas un n'a voulu prendre cette responsabilité, pas un n'a eu le cœur de se mettre en avant pour sauver du même coup et l'armée et la France. Ah! ils sont bien coupables aussi ces généraux et ces maréchaux, et ils auront des comptes sévères à rendre devant l'histoire et peut-être devant les tribunaux ; car, voyez-vous, de pareilles infamies rendent féroces, et j'en suis arrivé aujourd'hui à demander du sang pour y laver l'injure que l'on m'a faite. Je ne sais pas si mon caractère a changé, mais ce qu'il y a de certain, c'est que mes idées sont singulièrement modifiées. D'abord, le nom seul de Napoléon me fait horreur, et il ne me reste du souvenir de cette dynastie que l'affection que je portais à la femme qui, elle du moins, s'est conduite avec cœur et honneur jusqu'à ces derniers jours. Je me jetterais aujourd'hui dans les bras des Rochefort, des Flourens, des Dorian, n'importe qui, pourvu qu'il me donnât un fusil, qu'il pût me dire : « Frappez, frappez ! vengez-vous ! » Aujourd'hui j'en suis arrivé presque à comprendre les massacres de 92, les horreurs de la Révolution, et j'ai regretté hautement, à Metz, ne pas voir arriver les anciens commissaires de la Convention aux armées, qui faisaient tomber les têtes des généraux et ne leur laissaient d'autre alternative que de vaincre ou de mourir !... Faut-il que j'aie passé par d'assez horribles épreuves pour en arriver là ! Le pensez-vous, vous qui m'avez pu si bien connaître, dans des temps meilleurs et déjà si loin ?

Mais je ne parle que de moi, pardon ; c'est que je suis dans une telle exaspération, je gémis tellement chaque jour de la position que cet infâme nous a faite, qu'il m'est impossible de m'en distraire absolument.

Cette lettre souleva un *tolle* général dans notre chère et malheureuse armée, prisonnière en Allemagne. Nombre d'officiers, s'honorant, à juste titre, de porter l'épaulette française, adressèrent des lettres de protestation, tant au directeur de l'*Indépendance belge* qu'à d'autres journaux.

De toutes ces lettres je ne veux citer qu'une, afin de donner la mesure de l'indignation qu'avait répandue dans l'armée un pareil langage.

A M. le rédacteur en chef de l'Indépendance belge.

Aix-la-Chapelle, le 23 décembre 1870.

Monsieur le Rédacteur,

Je viens de lire dans votre numéro du 22 décembre une lettre, datée de Hambourg, 27 novembre, dont vous n'êtes pas autorisé à faire connaître la signature. Je suis tenté de croire que cette lettre est apocryphe, ou tout au moins que le nom du véritable auteur ne vous a pas été communiqué : elle ne peut être attribuée à un grand seigneur, si toutefois vous admettez avec moi que cette épithète doive être réservée aux hommes d'un cœur généreux et d'une âme nourrie de sentiments élevés; elle ne peut être d'un ancien ami des Tuileries, car l'amitié ne saurait avoir de pareils retours de lâcheté; elle ne peut venir d'un homme qui a occupé la haute position d'attaché militaire à l'ambassade de France près d'une grande puissance du Nord. Cette position, il l'aurait due à la faveur du souverain, dont le nom seul lui fait horreur aujourd'hui. Comment d'ailleurs admettre qu'un colonel d'état-major puisse se vanter publiquement d'avoir été la tête d'une sédition militaire en présence de l'ennemi, à l'heure où des circonstances, que je ne veux pas apprécier ici, nous avaient réduits, de l'aveu du plus grand nombre, à subir la loi du plus fort? Comment comprendre qu'on puisse donner sans pudeur de pareils exemples de décrépitude morale!

Cette lettre ne peut être que l'œuvre d'un fou. Si je me

trompais, si l'auteur est vraiment celui que vous indiquez, que son nom reste à jamais inconnu, car il vient d'y attacher l'opprobre !

Quel que soit ce malheureux, je m'étonne qu'une pareille lettre ait trouvé place dans votre journal, habituellement soucieux de la dignité de ses lecteurs. Dans les temps de trouble et de bouleversement, les défaillances ne sont pas rares ; ne vaudrait-il pas mieux pour tout le monde leur laisser l'obscurité, que cherchent ordinairement les mauvaises actions, au lieu de leur donner l'éclat de la publicité ?

Vous pourrez, monsieur le rédacteur, faire de ma lettre l'usage que vous jugerez convenable.

Veuillez agréer l'expression des sentiments distingués avec lesquels je suis

Votre très humble et très obéissant serviteur,

A. DE LA BÉGASSIÈRE,
capitaine d'artillerie.

N'est-on pas surpris, après cette lecture du compte rendu sténographique du procès, de voir l'attitude de M. le président ?

Un président, — c'est-à-dire l'impartialité, la justice, — encourageant, jusqu'à un certain point, un témoin à ne pas répondre aux questions qui peuvent éclairer les débats, n'est-ce pas, en effet, fort étrange ?

Du reste, nous parlerons de M. le président du Conseil de guerre, de M. le duc d'Aumale, au moment opportun.

Les choses les plus étranges devaient se passer, au cours de ce procès. On vit déposer à la barre des gens que la justice avait frappés, et des misérables vinrent mentir avec un manque de scrupule qui ne pouvait être comparé qu'à leur audace.

L'un d'eux déclara qu'il avait vu deux fois le maréchal Bazaine à Paris, en 1845 et en 1866.

Or, en 1845, le maréchal, alors chef de bataillon au 58e d'infanterie de ligne, était en Afrique, et en 1866, il était au Mexique. Mais tous ces faux témoignages passèrent comme une lettre à la poste. Le parti était pris, bien pris et longtemps à l'avance, de la part des juges ; l'aveuglement était bien complet dans le public.

Enfin, malgré les faux témoignages de quelques misérables, dont le contact ne pouvait que souiller les honnêtes gens qui vinrent déposer à la barre, la lumière a été faite sur un grand nombre de griefs dont l'accusation se promettait de tirer grand avantage, et sur lesquels elle avait, avec tant d'insistance et d'éclat, attiré l'attention publique.

« La livraison du matériel et surtout des drapeaux », c'était un thème bien choisi pour exalter l'indignation, pour aller droit au cœur de tout bon patriote ; c'était une fortune pour l'accusation, aussi l'a-t-elle saisi avec avidité.

Or, il a été prouvé, par une revue rétrospective des capitulations, que la livraison du matériel et des drapeaux a toujours été un des usages, une des lois de la guerre ; usages et lois auxquels aucune troupe ayant capitulé, après la défense la plus énergique et avec le plus d'honneur, n'a échappé.

Il a été prouvé encore que le maréchal Bazaine avait voulu faire mieux que tous les commandants de place qui avaient capitulé avant lui, en donnant l'ordre de brûler les drapeaux; que cet ordre, donné le 25, réitéré le 26, réitéré, pour la seconde fois, le 27, avait été exécuté par la plus grande partie de l'armée, et que si des drapeaux ont été livrés à l'ennemi, ce n'est que par suite de la désobéissance formelle des corps auxquels ils appartenaient.

Voici un extrait du rapport du général d'Autemare au Conseil de guerre :

Avant que le conseil ne se séparât, M. le maréchal Bazaine donna l'ordre à M. le général Soleille de recevoir à l'arsenal de Metz tous les aigles que possédait l'armée et de les brûler ; (un ordre semblable devait être donné par écrit et non verbalement). Cet ordre, donné en présence de tous les chefs d'armée, le 26, dans la matinée, aurait dû être exécuté le 26 dans l'après-midi, ou pour le moins le 27.

D'après le rapport du maréchal, le plus grand nombre des drapeaux étaient encore intacts dans la nuit du 27 au 28, et même après la capitulation signée, puisqu'ils ont été livrés à l'ennemi.

Quel est le coupable de la non-exécution de l'ordre donné?

Qui a mis en possession l'ennemi de ces emblèmes de l'honneur militaire, que chaque régiment jure, en le recevant, de défendre jusqu'à la mort, colonel comme soldat?

L'interrogatoire des personnes responsables pourra faire connaître le coupable.

Voici encore une lettre de M. le colonel Melchior :

Le compte rendu, dans l'acte d'accusation, de la remise des drapeaux du corps de la Garde, ne me paraissant pas dire exactement la manière dont ce fait a été accompli, je crois devoir en donner le récit entièrement véridique.

Ce récit doit en effet démontrer que, si l'ordre du Maréchal Bazaine *avait été partout et par tous* compris et exécuté, ainsi que nous le fîmes nous-même, les Prussiens n'eussent pu déployer en trophée aucun des drapeaux de la malheureuse armée de Metz.

Le jour même où le général Pé de Arros, commandant l'artillerie de la Garde, reçut de M. le général Desvaux, commandant le corps d'armée, l'ordre donné par le maréchal Bazaine de verser les drapeaux à l'arsenal de Metz pour y être brûlés, les quatre régiments de voltigeurs de la division Deligny et le bataillon de chasseurs à pied de la Garde envoyèrent, entre cinq et six heures du soir, les drapeaux à l'état-major d'artillerie de leur corps d'armée.

Ces drapeaux furent déposés dans un chariot de batterie et conduits sous escorte, mais sans moi, à la chute du jour, à l'arsenal, parce que nous attendions, jusqu'au dernier moment possible, les drapeaux de la division des grenadiers, drapeaux dont les hampes seules nous furent rendues plus tard, les régiments ayant eux-mêmes détruit leurs aigles.

Tout ému des larmes versées par les vieux sous-officiers qui, esclaves de la discipline, venaient, en toute confiance, déposer leurs drapeaux entre nos mains, je promis d'assister à leur destruction. Aussi, dès l'arrivée du général Pé de Arros au bureau de son état-major, je lui demandai l'autorisation de me rendre, dès le lendemain matin, à l'arsenal, pour m'assurer de l'exécution de l'ordre du maréchal.

Je me présentai, en conséquence, à l'arsenal, lors de l'ouverture des portes, et demandai à l'officier supérieur de service, ou de faire brûler devant moi les drapeaux déposés la veille par la Garde, ou de me les laisser brûler moi-même, l'ordre du maréchal devant d'abord être exécuté dans l'esprit de ce qu'il contenait de plus essentiel, sauf à régler plus tard la question de comptabilité *matière*.

Sur la présentation de l'ordre du général Desvaux, on ne put refuser ma demande : je pris donc mes drapeaux et allai les faire brûler dans l'atelier des forges, en présence des soldats de la compagnie d'ouvriers d'artillerie.

Avant d'anéantir ces insignes couverts des marques glorieuses de la bravoure de la division Deligny, je fis découper pour les emporter, comme preuve de la destruction des drapeaux, les numéros des régiments qui y étaient nommés.

Ces chiffres, je *les possède encore* et les conserve pieusement.

De retour au camp, nous brûlâmes, dans notre bureau, les hampes dépouillées des drapeaux des grenadiers.

Je vis à l'arsenal plusieurs autres drapeaux, mais il ne m'appartenait pas d'y toucher, et je partis sans m'en occuper.

Tu jugeras, mon cher ami, par ce récit, dont je te garantis l'entière vérité, si la destruction des drapeaux de la division Deligny a pu être inspirée par d'autres motifs que ceux de l'exécution sérieuse et des plus *importantes, dans les moindres détails, de l'ordre donné au nom du maréchal.*

COLONEL MELCHIOR.

Voici enfin trois dépositions faites devant le premier Conseil de guerre à l'audience du 1er décembre 1873 :

M. LE GÉNÉRAL PÉ DE ARROS. — Le 27 octobre, vers midi, j'ai reçu de l'état-major général de l'artillerie de l'armée une dépêche qui me prescrivait de recueillir les drapeaux, qui devaient m'être apportés le jour même, et de les faire porter à l'arsenal, accompagnés d'une escorte. En effet, vers trois heures ou quatre heures, des drapeaux me sont arrivés ; un certain nombre, pas tous. J'ai attendu un certain temps ; ceux qui manquaient ne sont pas arrivés, et à cinq heures j'ai fait partir le détachement pour l'arsenal. Peu de moments après, j'ai reçu une autre dépêche ; celle-ci provenait du général commandant la garde ; elle portait les mêmes prescriptions que la première ; seulement, à la fin, il était dit que les drapeaux seraient portés à l'arsenal pour y être brûlés. En ce moment il fut convenu avec mon chef d'état-major que je l'enverrais à l'arsenal, pour assurer l'exécution de cet ordre. En effet, le colonel Melchior, mon chef d'état-major, se présenta à l'arsenal, le 28 au matin, de très bonne heure : il était porteur de l'ordre que M. le général Desvaux m'avait envoyé, et il fit brûler tous les drapeaux qui avaient été apportés.

M. LE PRÉSIDENT. — C'est le 28, de bonne heure, qu'ils ont été brûlés ?

M. LE GÉNÉRAL PÉ DE ARROS. — Le colonel Melchior s'est rendu à l'arsenal, à l'ouverture des portes de l'établissement, de très bonne heure par conséquent.

M. LE PRÉSIDENT. — N'avez-vous pas reçu, le 28, du général Desvaux une note, où il demandait si les drapeaux avaient tous été remis la veille et s'ils avaient été portés à l'arsenal?...

Greffier, prenez le registre de correspondances de la Garde.

En vertu de mon pouvoir discrétionnaire, j'ordonne que le registre de correspondance de la Garde soit annexé au dossier de la procédure.

Greffier, donnez lecture sur ce registre, de la note du général Desvaux, dont je viens de parler, et portant la date du 28 octobre ; vous ferez voir ensuite cette note au témoin.

M. LE GREFFIER, *lisant :*

28 octobre.

J'ai l'honneur de vous prier de vouloir bien m'indiquer si tous les drapeaux du corps d'infanterie de la Garde vous ont été remis hier, et à quelle heure ces drapeaux ont été livrés à la direction de l'arsenal.

(M. le greffier montre cette note au témoin.)

M. LE PRÉSIDENT. — M. le général Desvaux n'était donc pas fixé encore, dans la journée du 28, sur le sort des drapeaux de la Garde ?

M. LE GÉNÉRAL PÉ DE ARROS. — Je n'ai pas souvenir d'avoir reçu cette note.

M. LE PRÉSIDENT. — Du moment qu'elle est écrite sur le registre de correspondance, vous avez dû la recevoir.

M. LE GÉNÉRAL PÉ DE ARROS. — Oui, seulement je n'en ai pas souvenir.

M. LE PRÉSIDENT. —Je faisais donner lecture de cette note seulement pour savoir à quel moment le général Desvaux a été instruit de l'incinération, et comment il en a été instruit ; car il résulte de cette note que, dans la journée du 28, il cherchait encore à s'en rendre compte.

M. LE GÉNÉRAL Pé DE ARROS. — Il a été instruit de cela par moi, évidemment.

M. LE PRÉSIDENT. — L'ordre de faire porter les drapeaux, vous l'avez reçu vers midi ?

M. LE GÉNÉRAL Pé DE ARROS. — Oui.

M. LE PRÉSIDENT. — Et c'est vers cinq heures que vous avez envoyé à l'arsenal les drapeaux qui étaient réunis ?

M. LE GÉNÉRAL Pé DE ARROS. —Oui, monsieur le Président.

M. LE PRÉSIDENT. — Et c'est peu après que vous recevez la dépêche du général Desvaux, qui indiquait que les drapeaux seraient portés à l'arsenal pour être brûlés ?

M. LE GÉNÉRAL Pé DE ARROS. — Oui.

M. LE PRÉSIDENT. — Y a-t-il d'autres questions à adresser au témoin ?

M. LE COMMISSAIRE DU GOUVERNEMENT. — A quelle heure, le 28, ont été brûlés les drapeaux de la Garde ?

M. LE GÉNÉRAL Pé DE ARROS. — Au moment de l'ouverture de l'arsenal ; il commençait à faire jour.

M. LE PRÉSIDENT. — Il n'y a plus de questions ?...

J'autorise le témoin à se retirer définitivement. (M. le général Pé de Arros se retire.)

M. LE PRÉSIDENT. — Appelez le général Picard.

Ce témoin se présente à la barre, prête serment, et répond ainsi qu'il suit aux questions d'usage, qui lui sont adressées par M. le Président :

Picard (Joseph-Alexandre), soixante ans, général de division, commandant le 13e corps d'armée à Clermont-Ferrand.

M. LE PRÉSIDENT. — Connaissiez-vous le maréchal Bazaine avant les faits qui lui sont reprochés?

M. LE GÉNÉRAL PICARD. — Je ne le connaissais pas avant d'être sous ses ordres à l'armée de Metz.

M. LE PRÉSIDENT. — Vous n'êtes ni son parent ni son allié, vous n'avez jamais été attaché à son service, et il n'a jamais été attaché au vôtre?

M. LE GÉNÉRAL PICARD. — Non, monsieur le Président.

M. LE PRÉSIDENT. — Vous êtes assigné par la défense; je prierai monsieur le défenseur d'indiquer les questions sur lesquelles il désire que vous soyez interrogé.

Me LACHAUD. — M. le général Picard a écrit à M. le maréchal Bazaine, le 27 octobre, au sujet des drapeaux.

Je prierai monsieur le Président de vouloir bien lui demander à quelle heure il a écrit et quelle a été la réponse du maréchal.

M. LE PRÉSIDENT. — Vous avez entendu la question; veuillez éclairer le conseil sur ce point.

M. LE GÉNÉRAL PICARD. — Je commandais la division des grenadiers et des zouaves de la Garde.

Le 27 octobre, j'ai reçu l'ordre de verser les drapeaux à l'arsenal. J'ai pensé qu'il y avait lieu de savoir les motifs de cette mesure dans un moment si délicat ; j'ai écrit au maréchal, et j'ai écrit au commandant du corps d'armée de la Garde, le général Desvaux, pour demander quel serait le sort de nos drapeaux.

Le général Desvaux m'a répondu qu'il ne le connaissait pas, mais qu'il écrirait immédiatement au maréchal pour connaître ce détail. Le maréchal, de son côté, m'a répondu que ces drapeaux devaient être brûlés.

Quelques instants après, M. le général Desvaux m'a également prévenu qu'il avait reçu la réponse du maréchal, qui l'informait que ces drapeaux seraient détruits à l'arsenal.

Après ces renseignements, j'ai autorisé tous les chefs de corps de ma division, et le général Jeanningros, et les généraux de brigade, *ou à verser leurs drapeaux à l'arsenal, ou même à les détruire, parce qu'il y avait une émotion très grande dans les troupes, et j'ai pensé pouvoir l'apaiser en les autorisant à les détruire.*

DÉPOSITION DE M. LE CAPITAINE DE MORNAY-SOULT

M. LE CAPITAINE DE MORNAY-SOULT. — Le 27 octobre, je me trouvais dans le cabinet de M. le maréchal, —

je crois devoir faire ici cette observation que l'officier de service ne quittait jamais le cabinet de M. le maréchal Bazaine, — j'étais donc de service, et je me trouvais dans le cabinet de M. le maréchal, il était environ deux heures, lorsqu'on apporta une lettre de M. le général Picard. Je la remis à M. le maréchal, et, après en avoir pris connaissance, M. le maréchal s'écria : « Mais ils doivent être brûlés ! » Immédiatement M. le maréchal me fit connaître le contenu de cette lettre, voici à peu près ce qu'elle disait : Les colonels et les commandants des régiments de grenadiers de sa division demandaient, avant de remettre à l'artillerie les drapeaux de leurs régiments, ce qu'on devait en faire.

M. le maréchal Bazaine me donna l'ordre de me rendre immédiatement auprès de M. le général Jarras et me dit : « Le général Jarras doit dîner en ce moment pour se rendre ensuite à Frascati. Dépêchez-vous d'aller le trouver, et recommandez-lui d'avoir soin, pendant la lecture des articles de la capitulation, au moment où on arrivera à l'article des drapeaux, de faire observer au général de Stiehl que les drapeaux ne sont plus dans les régiments ; qu'ils ont dû en être retirés, comme c'était l'habitude, au moment de la nouvelle du changement de gouvernement, et qu'on a dû les détruire et les brûler à l'arsenal. »

Je me rendis immédiatement auprès de M. le général Jarras, à qui je répétai textuellement les paroles que M. le maréchal Bazaine m'avait chargé de lui transmettre. M. le général Jarras, qui terminait son dîner en ce moment, me dit qu'avant de partir il allait retourner auprès de M. le maréchal pour s'expliquer avec lui sur l'ordre que je venais de lui apporter. — Effectivement, je revins immédiatement auprès de M. le maréchal Bazaine, et on annonça la visite de M. le général Jarras, qui entra presque en même temps que moi.

M. le maréchal lui répéta, mot pour mot, les mêmes paroles qu'il m'avait dites. A ce moment, M. le général Jarras crut devoir faire quelques objections, dont je n'ai pas gardé le souvenir exact, sur la façon de faire cette observation. Enfin, M. le général Jarras partit avec cet ordre précis de M. le maréchal Bazaine, et, immédiatement après, — car cela ne dura pas longtemps, — M. le maréchal me donna l'ordre de me rendre de nouveau à l'état-major général, et là, de dire aux officiers de service de faire mettre à la suite d'une lettre, qu'à ce moment on rédigeait pour l'envoyer aux commandants de corps d'armée, que les drapeaux avaient été brûlés. Il est évident que, dans l'esprit de M. le maréchal Bazaine, c'était la réponse à l'objection que M. le général Picard lui avait soumise, et que c'était la lettre de M. le général Picard qui lui apprenait, pour la première fois, que les ordres précédemment donnés n'avaient pas encore été exécutés.

Je me rendis à l'état-major général, et je m'adressai à M. le colonel d'Andlau, à qui je transmis les ordres et les instructions de M. le maréchal Bazaine.

Je regrette d'être obligé de dire que M. le colonel d'Andlau ne voulut pas exécuter ces instructions; je m'adressai alors à M. le colonel Nugues, et je lui répétai les mêmes instructions.

Il me répondit : « C'est très bien, je vais le faire ! »

Je retournai chez M. le maréchal Bazaine et je lui rendis compte que ses ordres allaient être exécutés. Environ une demi-heure après ce second retour au quartier général, M. le colonel Nugues est venu auprès de M. le maréchal pour lui faire des objections. A ce moment, je n'étais pas dans le cabinet de M. le maréchal ; j'avais été obligé de m'absenter un instant ; il m'est donc impossible de dire quelle conversation il a eue avec lui.

Voilà ce qui s'est passé le 27 octobre.

On était si désireux de flétrir ce malheureux maréchal, qu'on a dit encore que non seulement il avait livré les drapeaux français, mais aussi qu'il avait rendu aux Allemands le drapeau que ses troupes avaient pris aux Prussiens à Rezonville. Peut-on, pour influencer l'opinion publique, être plus fourbe et plus infâme?

Le général de Cissey, alors ministre de la Guerre, en a accusé réception en ces termes :

Monsieur le Maréchal,

J'ai l'honneur de vous accuser réception de l'étendard,

pris à Rezonville sur les troupes prussiennes, que vous avez bien voulu me faire remettre.

Veuillez agréer, monsieur le Maréchal, l'assurance de ma haute considération.

Le Ministre de la Guerre,
DE CISSEY.

Je crois avoir fait jaillir la lumière et établi la vérité sur ce fameux incident des drapeaux, une des principales accusations portées contre le maréchal Bazaine. Les drapeaux brûlés l'ont été par ses ordres ; les autres ne sont tombés entre les mains de l'ennemi que par suite de désobéissances.

Je regrette de ne pouvoir m'appesantir aussi longuement sur chacun des faits reprochés au maréchal, lors de son procès de Trianon, et dont, pour une grande part, grâce à Dieu, la conscience publique, maintenant éclairée, a déjà fait justice. Un pareil travail serait hors des proportions de ce modeste volume ; mais je prie le lecteur de me permettre une dernière réflexion, qui m'intéresse tout particulièrement.

Admettons que Bazaine, se conformant aux lois militaires, et ne voulant pas exposer Metz à la colère des vainqueurs, par suite à la famine, — au lieu de soustraire ses drapeaux par une supercherie patriotique, les eût réellement livrés, ce serait très mal, ce serait infâme.

En effet, ne pas mettre tout en œuvre pour soustraire à l'ennemi ces emblèmes de l'honneur national, si cela ne mérite pas la mort, cela mérite au moins le déshonneur.

D'accord !

Mais si les livrer est une telle indignité, lors même que les lois de la guerre vous y obligent, que doit faire le pays pour l'officier subalterne, sans responsabilité d'aucune sorte, qui sauve, lui, les drapeaux du corps d'armée auquel il appartient ?

Il me semble que le pays doit faire quelque chose ; car il faut être logique : si on déshonore l'un, on doit honorer l'autre.

Eh bien ! par une grâce toute spéciale de la Providence, j'ai eu le bonheur inespéré de sauver les drapeaux de l'armée de Paris. J'ai publié les attestations de mes chefs. M. de Bismarck lui-même a été amené, par les circonstances, à reconnaître la véracité de ces attestations [1].

Le pays m'a-t-il voté une couronne civique ? m'a-t-il fait savoir qu'il réservait à ma vieillesse un poste d'honneur aux Invalides, près des glorieux mutilés de nos vaillantes armées ?

Non, le pays n'a rien fait de cela ; il n'a rien fait du tout.

J'ai espéré pendant longtemps que la ligue qui fait profession de patriotisme voterait une somme de cinquante francs pour m'acheter un sabre d'honneur.

---

1. Voir le *Figaro* du 27 février 1885.

Elle n'a même pas voté un timbre-poste pour m'adresser une lettre de félicitation. Elle a, paraît-il, bien d'autres choses plus intéressantes à faire.

Vraiment il faut rire des hommes et de leur justice ! ce n'est pas *deux*, mais bien *vingt* poids et mesures qu'il y a en ce monde.

CHAPITRE X

La raison du plus fort est toujours la meilleure. — Une lettre du colonel Commerçon. — Question de vivres. — Déclaration de Bourbaki. — Un agent secret. — *Væ Victis.* — Entre maréchaux. — Base de l'accusation. — Montebello. — La légende. — Justice humaine. — Le libérateur du territoire. — Un admirable soldat. — Orléanistes. — Un général *in partibus.* — Ce que pensait le général Schramm. — Une lettre du général du Barail. — Sacrifice volontaire. — Le président du Conseil de guerre. — A l'unanimité ! — *Une frime.* — Le peuple souverain.

Au cours du procès du maréchal Bazaine, l'accusation n'a rien épargné pour déconsidérer et déshonorer sa victime.

Après la trahison, c'était l'incapacité : incapacité comme général en chef; incapacité comme négociateur !

L'accusation s'est grandement indignée que les conditions de la capitulation n'aient pas été meilleures; tout autre que le maréchal Bazaine eût obtenu mieux ! S'il n'y a pas eu incapacité de sa part, il y a eu alors insouciance du sort de l'armée qui lui avait été confiée ; ce qui est bien pis encore ! Et le public ignorant, qui ne raisonne jamais, qui accepte les formules, les opinions toutes faites, accueille avec empressement de telles absurdités, ne se donnant pas la peine de réfléchir que la plus indispensable condition pour être négociateur habile, c'est d'être vainqueur — et de réduire l'adversaire à l'impossibilité de se soustraire aux sacrifices qu'on lui impose.

Or, à Metz, le maréchal était en présence d'un ennemi parfaitement instruit de la situation morale et physique de l'armée ; sachant que cette armée et la place devaient accepter ses conditions sous peine de mourir de faim dans les vingt-quatre heures, ou dans les quarante-huit, au plus tard.

La garnison de Mayence, tant vantée par les historiens révolutionnaires parce qu'elle s'est baignée dans le sang des héroïques Vendéens, qui eussent peut-être compromis le salut de la République sans la défection de Charette[1], *avait encore pour huit jours de pain*, quand elle a capitulé. Certains corps de l'armée de Metz *n'avaient plus de pain depuis huit jours* quand la capitulation s'est faite.

Ils n'avaient plus cette ration de pain noir, réduite à une proportion infime, qui, depuis près d'un mois, composait toute la distribution. Dieu sait ce qui entrait dans la fabrication de ce pain-là ! Celui que nous avons

1. *Mémoires de Napoléon*, volume VI, page 240.

mangé à Paris pendant le siège, en nous apitoyant sur notre propre sort, était de la brioche en comparaison.

Des prisonniers pris à Buzenval en avaient apporté en Allemagne : on a pu le comparer à celui de Metz.

Plusieurs corps de l'armée de Metz n'avaient vécu, pendant les quelques jours qui précédèrent la capitulation, que des chevaux qui mouraient de faim. Il y avait longtemps qu'il n'y avait plus de sel, plus de légumes, plus de graisse. La viande de cheval, qui, sans être bonne, est assez nourrissante, quand l'animal est jeune et bien portant, non seulement dans ces conditions-là ne soutenait pas des hommes épuisés, affaiblis, vivant depuis un mois dans la boue ; mais elle préparait l'état anémique de cette malheureuse armée, dont la mortalité fut si grande en Allemagne.

LETTRE DE M. LE LIEUTENANT-COLONEL COMMERÇON, ANCIEN CHEF DE BATAILLON AU 13ᵉ DE LIGNE, 2ᵉ DIVISION, 4ᵉ CORPS.

Châlons-sur-Saône.

Monsieur,

Je ne suis ni le défenseur, ni, ce qu'à Dieu ne plaise, le juge et surtout l'accusateur de M. le maréchal Bazaine ; mais je puis être un témoin impartial.

Les détails auront une grande influence sur le procès qui se juge maintenant à Trianon.

Après la question des dépêches, celles des munitions et subsistances sont importantes.

Or voici ce qui s'est passé dans la 2ᵉ division du 4ᵉ corps, lequel était commandé par M. le général de Ladmirault.

Le 14 août — Borny — les munitions ne manquaient pas; et elles ont fait leur devoir.

Le 16 août — Rezonville — la *batterie* d'artillerie qui appuyait les mouvements du bataillon que je commandais, a disparu vers quatre heures et demie ou cinq heures du soir. Cette retraite était amenée *par le manque de munitions;* car *elle était intacte.* En m'apprenant cette nouvelle, le général de division me dit : « *N'en parlez pas à vos hommes, pour ne pas les décourager.* Ils n'étaient pas découragés ; mais ils étaient déjà aussi bien renseignés que leur général.

Le 18 août — Saint-Privat — le feu de nos batteries — du moins celles que je protégeais — écrasées par l'artillerie prussienne s'est éteint d'assez bonne heure — vers les 6 h. et demie du soir; la plupart de ces pièces étaient démontées ; et je pense que la cessation de leur feu fut dû autant à ce désastre qu'au manque de munitions. *Cependant les pièces en état ne tiraient plus.*

Ce n'est pas tout. Ce même jour — 18 août — par une série de circonstances que je m'abstiens de qualifier aujourd'hui, *plusieurs bataillons ou régiments du 4e corps ont perdu complètement leurs bagages.* Officiers et soldats, nous n'avons conservé que ce que nous portions sur nous, et nous portions peu de chose. Or voici en quoi cette circonstance est surtout importante :

Les soldats, privés de leurs sacs et de leurs tentes, sont restés de longues semaines sans savoir *où mettre leurs cartouches et leurs vivres.* Malgré la surveillance, les efforts et les conseils des officiers, malgré leur bonne volonté, *une énorme quantité de munitions d'infanterie a été détériorée* par les pluies presque continuelles de la fin du mois d'août et du mois de septembre.

Il est bon de se rappeler que nous avons couché, et *long-*

temps, sans abri, dans les terrains détrempés des vignes situées au-dessous des forts de Plappeville et de Saint-Quentin. Je parle du 4ᵉ corps; j'ignore, ou veux ignorer, ce qui s'est passé dans les autres.

Les vivres ont subi le même sort que les munitions.

Les biscuits, distribués à l'avance, *selon les conjectures*, détrempés par la pluie et la boue, n'étaient plus mangeables — ils jonchaient les champs.

Il me semble, Monsieur, *et je vous prie de vouloir bien communiquer cette respectueuse réflexion à M. le maréchal*, que les témoins tirés de l'artillerie, et surtout de l'artillerie sédentaire, n'ont pas tenu assez compte, dans leur déposition, de cette influence du mauvais temps, de ses funestes conséquences pratiques. — Comme les intendants pour les vivres, ces Messieurs de l'artillerie *m'ont paru trop s'en rapporter à leurs papiers.*

Le 31 août — Sainte-Barbe — je commandais le bataillon qui protégeait la route de Sainte-Barbe. Malgré moi, j'ai assisté au conseil de guerre tenu ce jour-là, sur cette route. — Mais les détails dans lesquels je pourrais entrer ne paraissent pas devoir être confiés à une lettre dont le sort peut être incertain.

Je vous prie, Monsieur, etc...

TH. COMMERÇON (JEAN-BAPTISTE),
lieutenant-colonel en retraite.

11 novembre 1873.

P.-S. — Dans l'audience du 8, dont je lis à l'instant le compte rendu, M. le général de Ladmirault dit : *Les sacs étaient intacts...*

Je regrette infiniment d'avoir à contrarier le témoignage d'un chef aussi honorable comme homme et comme soldat. Peut-être et sans doute M. le général Ladmirault a oublié que les sacs et tentes de la plupart des bataillons ou régiments de son corps d'armée — 20ᵉ bataillon, 13ᵉ, 73ᵉ de ligne, etc. — n'existaient plus depuis le 18 août, et que cette perte n'avait pas encore été réparée le 26 août et même le 31.

TH. C.

L'accusation devait naturellement prétendre que le maréchal avait capitulé ayant encore des vivres dans la place.

Je pourrais ici produire de nombreux témoignages du contraire, mais je dois me borner, et ne veux citer que la conclusion du rapport adressé par M. l'intendant Croiset au conseil d'enquête, et quelques lignes d'une lettre de M. le général Bourbaki.

...En un mot, il y avait entre les deux administrations, civile et militaire, une rivalité qu'on ne peut blâmer et qui vient en aide à tous les faits énoncés dans ce rapport, pour prouver que si des événements exceptionnels sont venus dérouter toutes les combinaisons administratives, ordinairement adoptées au début d'une campagne, chacun y a suppléé par une activité et une force de volonté, qui a permis à l'armée de Metz de prolonger jusqu'à la dernière limite une situation que la France lui eût reproché d'avoir fait cesser plus tôt, puisqu'elle conservait l'espoir de venir à son secours.

L'Intendant militaire délégué,
CROISET.

EXTRAIT D'UNE LETTRE DE M. LE GÉNÉRAL BOURBAKI.

... Je n'ai jamais produit l'ordre que je tiens de M. le maréchal de me rendre auprès de l'Impératrice.

Quant à la date mise sur mon ordre de départ, cela ne m'a jamais préoccupé et je n'en ai jamais parlé.

Questionné sur l'épisode de ma sortie de Metz, par la commission d'enquête,

J'ai répondu à un des interrogatoires : que j'étais persuadé que le maréchal croyait, comme moi-même, que la paix était dans l'intérêt de la France et qu'il voyait que la seule manière de sauver son armée était de faire savoir la position vraie dans laquelle elle se trouvait.

En effet, au 25 septembre, les chevaux mouraient de faim ; on en abattait plus de deux cents par jour pour servir de nourriture aux hommes de la ville et du camp. Les soldats commençaient à souffrir de cruelles privations. Dans un temps donné, cette armée était donc destinée à prendre un parti suprême, — *elle devait, ou capituler ou se vouer à la destruction.*

J'ai ajouté que j'étais convaincu que le maréchal m'avait envoyé avec l'espérance que l'on trouverait un remède à cet état de choses.

J'ai ajouté que j'avais si bien compris que telle était la pensée du maréchal, qu'après avoir eu l'honneur de voir l'Impératrice et m'apercevant que, malgré son profond chagrin, son dévouement, son abnégation, elle ne pouvait rien, je me mis en route pour retourner à Metz et je me suis arrêté à Bruxelles pour remettre à M. Tachard, ministre plénipotentiaire en Belgique, une lettre adressée à M. le ministre de la Guerre à Tours, pour mettre le gouvernement de la Défense Nationale au courant de la situation précaire où se trouvait l'armée de Metz.

BOURBAKI.

Que deviennent les affirmations de M. Gambetta.

devant des déclarations aussi nettes, aussi positives, faites par un général dont la loyauté est proverbiale?

Que peut-on dire de plus?

Enfin les débats ont encore fait la lumière sur la mission que s'était arrogée le sieur Régnier, que le maréchal Bazaine n'a reçu que parce qu'il lui fut annoncé comme un *courrier de l'Empereur*.

Les menées politiques de M. de Bismarck devaient donner à ces affirmations toutes les apparences de la vérité. Régnier était porteur d'une photographie que le Prince impérial avait récemment signée et datée de Chiselhurst. Beaucoup de personnes ne savent probablement pas que c'est par des portraits ou des photographies de cette sorte que les Napoléons ont toujours accrédité leurs agents secrets, ne voulant pas se compromettre d'une part, et voulant, de l'autre, faire reconnaître leurs mandataires.

C'est une franc-maçonnerie qui existe du reste entre presque toutes les cours d'Europe.

On a vu également quelle était la mission du général Boyer et la valeur des accusations présentant le maréchal Bazaine comme traître envers la patrie. On a cherché à démontrer que, sous prétexte de fidélité à son serment à l'Empire, il avait voulu transformer l'armée en instrument de son ambition personnelle. Toutes ces accusations sont tombées à plat; il n'en est resté que la poussière. Et la preuve évidente de leur fausseté n'a point ramené l'opinion publique ni éclairé les juges! Il fallait une explication des désastres, sauvegardant la vanité nationale! Ce n'était plus le manque absolu d'organisation, de forces suffisantes, le découragement de l'armée dès les premiers coups de fusil, le malheureux esprit de notre infanterie, l'infériorité relative de notre artillerie, l'affaiblissement de l'esprit militaire, — résultant du système corrupteur impérial, qui avait répandu trop de bien-être dans l'armée, — les fautes énormes de l'Empereur au début de la campagne, celles du maréchal de Mac-Mahon à Wissembourg et à Châlons, — qui étaient les causes véritables de nos désastres; c'était seulement et uniquement la trahison du chef de l'armée de Metz.

Un convoi de généraux et d'officiers supérieurs, dirigé sur l'Allemagne par Nancy, était couvert d'outrages; cette même ville s'était signalée trois mois auparavant, lors du passage de l'armée pour se rendre à la frontière, par sa froideur pour elle.

On aurait dit qu'on traversait une ville ennemie.

Quelques jours après, elle était mise à contribution par trois uhlans, sans songer à opposer la moindre résistance. Elle n'avait de courage que pour accabler d'insultes les débris de l'armée de Metz se rendant en captivité. Ces insultes auraient dû apprendre à cette armée que c'était elle que la France rendrait responsable de ses malheurs passés, présents et futurs. Dès son passage à Nancy, tous les chefs étaient des traîtres; mais bientôt après, — ce qui était habile de la part de ceux qui mènent l'opinion publique, — il n'y en eut plus qu'un, le commandant en chef. On détourna ainsi de la voie de la vérité un grand nombre d'esprits faibles, d'hommes égoïstes, de petits ambitieux qui virent dans le lâche abandon du maréchal, livré à la vindicte publique, un moyen de sauvegarder leurs bons petits intérêts.

Puis vint la fuite des officiers prisonniers sur parole; fuite provoquée par l'ambition, sautant à pieds joints par-dessus les barrières de l'honneur, et encouragée en quelque sorte, par le gouvernement français, dont l'agent officiel à Bruxelles donnait à chaque nouvel arrivant un grade et une somme d'argent.

Un pareil état de choses produisit un profond mécontentement parmi les hommes d'honneur qui étaient restés, eux, bien plus prisonniers de leur parole que de l'Allemagne. Ceux qui avaient à cacher certains de leurs actes, avant ou pendant la guerre, exploitèrent le mécontentement répandu dans l'armée, et, à quelque rang de la hiérarchie qu'ils appartinssent, se déclarèrent contre le maréchal Bazaine. Tous ceux, au contraire, qui pouvaient avouer hautement leurs actes, lui restèrent fidèles.

Le maréchal Bazaine était trop intelligent pour ne pas avoir remarqué, tout ému qu'il était, le revirement qu'on avait habilement provoqué dans l'esprit de l'armée; aussi commença-t-il immédiatement un travail destiné à faire connaître les faits et les choses : sorte de mémoire justificatif, qu'il devait publier en France dans le but d'éclairer le Conseil d'enquête, institué pour juger toutes les capitulations qui avaient eu lieu pendant la campagne.

La lettre suivante du maréchal Canrobert le dissuada de donner suite à son projet :

Stuttgard, 26 novembre 1870.

Mon cher Maréchal,

Les journaux annoncent que vous allez publier une brochure sur votre commandement de l'armée du Rhin.

L'état des esprits en France ne permettra pas d'apprécier ce travail avec le calme et l'équité désirables. Il me paraît donc nécessaire, tant dans notre intérêt que dans celui de la vérité, que vous ajourniez cette publication jusqu'à un moment plus opportun. Vous éviteriez, en outre, de livrer vos raisons et arguments aux discussions de presse et de gens qui n'ont ni le droit ni le pouvoir de juger en connaissance de cause. Attendez des temps plus calmes, moins passionnés, et partant plus équitables, et ne cherchez à relever que de l'opinion exprimée au grand jour par un conseil d'enquête, régulièrement convoqué et que vous réclameriez vous-même au besoin.

Je saisis cette occasion, mon cher Maréchal, pour vous adresser l'expression de mon vieil et affectueux dévoûment.

MARÉCHAL CANROBERT.

P.-S. — Peut-être penserez-vous que quatre lignes, dans les journaux sérieux, *annonçant votre détermination* dans le sens de cette lettre, seraient pour le moment suffisantes.

Le maréchal Bazaine suspendit son travail et ne pensa plus qu'à réunir les documents nécessaires à éclairer le futur Conseil d'enquête ; mais, cette fois, ce fut le ministre de la Guerre lui-même qui engagea le maréchal à suspendre les travaux entrepris à cet effet.

Cassel de Bordeaux, 28 décembre 1870,
9 heures 35. — N° 29 307. — Via Suisse.

Le Ministre de la Guerre à M. le maréchal Bazaine.

J'ai l'honneur de vous informer que le Conseil d'enquête relatif à la capitulation de Metz n'ayant pas lieu à l'époque indiquée du 2 janvier, vous n'avez pas à fournir de mémoire justificatif pour cette date.

Il est probable que cette dépêche, du 28 décembre, avait été provoquée par celle de Gambetta, que j'ai donnée plus haut, du 25 du même mois, s'opposant formellement à la formation d'un Conseil d'enquête. « L'enquête, disait-il, est déjà faite. »

Quelques mois après, la capitulation de Paris et la Commune ayant absorbé toutes les préoccupations, parut l'ouvrage de M. le colonel d'Andlau, avec un à-propos qu'un ouvrage bon, utile et honnête, a rarement la bonne fortune de rencontrer. Conçu avec une grande habileté, distillant du venin à chaque page, cet ouvrage devait être très lu, et le fut en effet. Émanant d'un officier supérieur de l'état-major même du maréchal, témoin supposé honnête, impartial et parfaitement compétent, il fut non seulement pour le public, mais pour toute la partie de l'armée qui n'était pas à Metz, et pour la majorité de cette armée elle-même, une révélation positive, ne permettant pas l'ombre d'un doute et justifiant toutes les accusations lancées contre le commandant en chef de l'armée de Metz.

Muni de cet ouvrage, de cette preuve, aussi précieuse qu'irrécusable, qu'il allait frapper juste ; muni de ce moyen sûr de faire réussir sa tactique, si ancienne et toujours nouvelle, d'accuser un innocent de ses propres fautes, le gouvernement triompha. Aussitôt, par tous ses journaux, il donna au livre de M. d'Andlau une immense publicité, le fit citer comme exprimant des vérités que son génie, son patriotisme lui avaient fait découvrir. Il enracina le mensonge dans l'opinion publique, sachant comment il faut parler à ce dieu moderne, que la Révolution a créé, qu'elle sait faire agir selon ses intérêts. Tout aveugle, ignorant, sourd et stupide qu'il soit, ce dieu exerce sur les masses, composées d'esprits faibles, un pouvoir absolu.

Confirmer le public dans son erreur, c'était assurer les institutions révolutionnaires, qui avaient si horriblement complété l'écrasement de la France ; c'était la condamnation assurée du vaillant soldat qui avait glorieusement servi sa patrie près d'un demi-siècle, qui avait fait pour la défendre tout ce que les forces humaines permettent de faire.

Ce livre décida définitivement la nomination d'un Conseil d'enquête sur la capitulation des places, et la place de Metz ayant été comprise dans le commandement exercé par le maréchal Bazaine, le maréchal dut être jugé par ce Conseil.

Les avis du Conseil d'enquête ont été pour les gens sensés de notre armée une honte ajoutée aux autres. Ils ont provoqué le rire de l'Europe, et lui ont donné la preuve que nous étions bien, comme le prétendaient nos ennemis, un peuple hébété, incapable de bon sens, à force de corruption.

Tout le Conseil, et surtout son président, étudièrent consciencieusement le livre de M. d'Andlau. Le président l'avait toujours sur sa table et lisait, avant et pendant les séances, les passages qui traitaient de la question du jour. Il y trouvait son opinion toute faite sur la valeur des témoignages entendus.

D'ailleurs le président et l'un des membres les plus influents étaient ouvertement hostiles au maréchal Bazaine. L'inimitié du maréchal Baraguey d'Hilliers remontait à l'époque de la guerre d'Italie. Il commandait alors le 1er corps composé des divisions Forey, Bazaine et Ladmirault.

Le 20 mai 1859, jour du combat de Montebello, le maréchal Baraguey était avec son état-major et la division Bazaine à *Ponte Curone ;* la division Forey était à *Voghera.*

L'ordre était de maintenir l'ennemi en éveil pendant que le gros de l'armée exécuterait le mouvement tournant qui devait aboutir à la victoire de Magenta. Défense expresse avait été faite de s'engager.

Le général Forey, impatient d'effacer les impressions fâcheuses qu'avait fait naître, à tort ou à raison, sa conduite en Crimée, avait dit bien haut qu'il ne manquerait pas l'occasion de prouver qu'il était brave, qu'il la ferait naître au besoin.

Il attaqua les Autrichiens à Montebello malgré les ordres formels de son chef.

Le général Bazaine, ayant appris par le capitaine Piquemal, aide de camp du général Forey, que ce dernier était aux prises avec l'ennemi, courut aussitôt auprès du maréchal, le suppliant de le laisser partir pour l'appuyer.

Le maréchal Baraguey d'Hilliers, furieux de la désobéissance de son second, ne voulut rien entendre.

— Il n'a pas tenu compte de mes ordres, dit-il, tant pis pour lui. Vous êtes ma réserve, et je vous défends de bouger.

Bazaine cependant insista tant et si bien que le maréchal finit par lui permettre de partir, mais avec un régiment seulement, le 1er de zouaves, et encore avec l'ordre *impératif et formel* de ne pas, *quoi qu'il arrivât*, dépasser *Voghera*. — On se battait à Montebello à 6 kilomètres plus loin.

Bazaine, en arrivant à Voghera, arrêta donc son régiment et fit former les faisceaux sur le champ de manœuvres de cette place. Les officiers et les hommes, impatients de prendre part à ce premier combat de la campagne, se mirent à murmurer, ne comprenant pas qu'on les immobilisât pendant que se battaient leurs camarades.

Un bataillon de la division de Forey partait à ce moment pour rejoindre. Bazaine, avec son coup d'œil habituel, prit sur lui d'engager le commandant de cette troupe à suivre, au lieu de la route, la chaussée du chemin de fer qui devait l'amener sur les flancs de l'ennemi.

Cet officier suivit le conseil ; mais lui et ses hommes trouvèrent étrange la conduite de ce général qui, au lieu de se rendre sur le lieu de l'action, se bornait à donner des avis, et restait à 6 kilomètres en arrière avec les troupes qu'il avait amenées.

De suite, avec le caractère si léger et si impressionnable du soldat français, prit naissance la légende que Bazaine n'avait pas voulu venir en aide à Forey avec le secret désir de le voir battre. Ce bruit absurde se répandait avec la vitesse d'une traînée de poudre et arrivait le soir même aux oreilles de l'Empereur.

La bataille était gagnée ; mais Forey, n'étant pas soutenu, n'avait pu en tirer tout le parti que l'on était en droit d'en attendre.

Le lendemain 21 mai, l'Empereur voulut visiter le champ de bataille sur lequel deux bataillons de la division Bazaine étaient occupés à rechercher les morts.

Bazaine, qui n'avait pas été prévenu, s'y trouva néanmoins.

Napoléon III l'accueillit avec sa bonté ordinaire, mais ne put s'empêcher de lui dire devant le maréchal Baraguey d'Hilliers qui l'accompagnait :

— Il est regrettable, général, qu'il ne vous ait pas été possible d'arriver à temps pour soutenir Forey !

Pensant que le maréchal allait élever la voix pour le défendre, Bazaine ne répondit rien d'abord, mais voyant que son chef se taisait, il se trouva dans la nécessité de dire à l'Empereur que s'il n'avait pas dépassé Voghera, ce n'était qu'en vertu des ordres formels qu'il avait reçus.

L'Empereur eut alors une explication assez vive avec le maréchal Baraguey d'Hilliers, qui fut obligé de convenir du fait, mais qui ne pardonna jamais à Bazaine de l'avoir fait prendre par le souverain en flagrant délit de déloyauté envers son inférieur. Aussi, appelé à présider la commission d'enquête, donna-t-il la preuve de cette hostilité lorsque vint l'affaire de la capitulation de Metz.

Le Conseil appela force témoins à charge ; quant aux témoins à décharge, le très petit nombre de ceux qui furent entendus ne fut appelé que sur la demande formelle du maréchal Bazaine, *qui lui-même ne fut entendu qu'une seule fois.*

Et on ose appeler cela la justice française !

L'instruction dura *un an et demi;* pendant ces dix-huit mois l'accusé — le maréchal Bazaine — fut tenu dans une prison étroite. Un animal féroce n'eût pas été entouré de plus de surveillance et plus privé de liberté. Cela pouvait être considéré comme étrange, car ce même maréchal de France avait été pendant quatre mois prisonnier des Prussiens — prisonnier sur parole, — puis il était rentré en France et avait habité Paris en pleine liberté.

Qui donc aurait pu l'empêcher de se réfugier à l'étranger, s'il s'était senti coupable? Qui? Certes, pas M. le colonel d'Andlau, son accusateur, lui qui devait, dans la suite, prendre cette mesure de sûreté à son profit. Non, il était resté, il avait instamment demandé des juges, commettant cette faute, que l'on commet si souvent, de juger les autres d'après soi, — confiant dans l'intelligence, la loyauté, la bonne foi du tribunal militaire auquel on le déférait, quelle qu'en fût la composition.

Le 24 mai 1873, un vote de la Chambre faisait descendre du pouvoir, avec une facilité stupéfiante, l'homme qui se croyait et que l'on croyait indispensable. Ce révolutionnaire, auquel la Révolution doit quarante années d'existence, auquel la France doit en grande partie toutes les calamités du gouvernement de Juillet, de la seconde République, du second Empire, de la Commune et enfin de la troisième République; à qui la France doit encore aujourd'hui l'affaissement des esprits et des cœurs, l'impuissance du gouvernement doctrinaire, l'épuisement de nos ressources, l'angoisse générale, et la déconsidération dont nous avons le triste avantage de jouir en Europe.

M. Thiers, le carbonaro, était remplacé, en apparence par M. le maréchal de Mac-Mahon, mais en réalité par M. de Broglie, le doctrinaire.

« *Le libérateur du territoire* », avait dit Gambetta en désignant M. Thiers à toute la Chambre, « le voilà! »

Bazaine, un traître! Thiers, libérateur du territoire! Autant de jugements prononcés par M. Gambetta, dont la fatale légende avait hâte de se saisir.

La seconde était-elle mieux fondée que la première? Qu'on en juge :

« [1] Dans la séance de nuit, pendant laquelle les dernières conventions du traité de Francfort furent arrêtées, M. Pouyer-Quertier, profitant des bonnes dispositions de M. de Bismarck, obtint de lui l'évacuation immédiate de la France par les troupes prussiennes, à des conditions extrêmement favorables.

« M. Pouyer-Quertier remercia avec effusion M. de Bismarck de cette grande concession et de la marque de haute confiance qu'il lui accordait.

« Il revint à Versailles, heureux de ce succès inespéré. Aussitôt il le fit connaître à M. Thiers, qui se livra à une de ces violentes colères qu'il éprouvait à la

---

1. *M. Thiers et ses contemporains*, par le comte de Martel, pp. 440, 443. Dentu, 1887.

moindre contradiction. Il traita M. Pouyer-Quertier avec la grossièreté dont il était coutumier, d'imbécile, etc.; en lui déclarant qu'il avait absolument besoin que les troupes prussiennes restassent en France pendant un certain temps, pour pouvoir maîtriser l'Assemblée nationale.

« Il lui enjoignit d'écrire en son nom, à lui M. Thiers, à M. de Bismarck, pour qu'il se gardât bien de faire connaître l'intention qu'il avait eue de faire évacuer immédiatement les places occupées par les troupes prussiennes.

« ... Il y a quelque chose de vraiment caractéristique dans le fait de M. de Bismarck montrant plus de bienveillance pour la France que le soi-disant « libérateur du territoire ». Le chancelier de fer doit avoir un bien profond mépris pour ce grand patriote qui sacrifiait aussi cyniquement sa patrie à ses petits intérêts personnels. »

M. Paul Dhormoys dit aussi, dans le premier volume de son si intéressant ouvrage : *la Comédie politique* :

« Passons maintenant à la libération du territoire.

« Lorsque M. Pouyer-Quertier fut chargé de se rendre à Francfort et de négocier avec M. de Bismarck le rachat de la partie du chemin de fer de l'Est comprise dans le territoire que nous avons perdu, M. Thiers lui avait donné, pour instructions, de tâcher d'en obtenir cent millions.

« Voici comment l'ancien ministre des finances m'a raconté sa mission :

« Lorsque j'arrivai à Francfort et que je me mis en rapport avec M. de Bismarck, celui-ci me demanda combien nous voulions de ce tronçon de voie ferrée.

« — Cela dépend, lui répondis-je, voulez-vous nous le prendre ou voulez-vous nous le payer ? Si vous voulez nous le prendre, vous êtes le plus fort, c'est à vous de fixer le prix ; si vous voulez le payer, nous n'avons qu'à nommer des experts et à adopter le chiffre qu'ils nous proposeront.

« M. de Bismarck fit un peu la grimace ; mais je ne sortis pas de ce dilemme :

« Voulez-vous le prendre ou voulez-vous le payer ?...

« A la fin, le chancelier accepta ma proposition : on nomma de part et d'autre des experts ; ils évaluèrent ce morceau de chemin de fer à 280 millions. J'en demandai 360. Nous transigeâmes à 325, et la question fut résolue.

« C'était le soir qu'eut lieu notre dernière conférence à cet égard : il faisait très chaud ; nous parlions beaucoup ; au bout de quelque temps, M. de Bismarck me demanda :

« — Aimez-vous la bière ?...

« — Moi, j'aime tout, lui répondis-je.

« On apporta un pot énorme, des verres, et nous continuâmes à discuter, tout en buvant. Au bout d'une heure de cet exercice, M. de Bismarck me demanda encore :

« — Est-ce que nous ne prendrons pas un peu d'alcool pour faire passer notre bière ?

« — Tout ce que vous voudrez, lui répondis-je.

« Et continuant ainsi à boire de l'eau-de-vie pour cuire la bière, et de la bière pour faire passer l'alcool, nous étions arrivés à un nombre formidable de verres de bière et de verres de cognac. M. de Bismarck me regardait avec une curiosité qui n'était pas loin de l'admiration ; mais moi j'ai un estomac à toute épreuve, rien ne me fait mal. Nous arrivâmes ainsi jusqu'à une heure et demie, heure à laquelle tout étant réglé, et nos protocoles rédigés, nous échangeâmes les signatures.

« Je proposai une dernière tournée, comme on ne dit pas dans le monde diplomatique, et M. de Bismarck s'épanouit tout à fait.

« Le voyant de si bonne humeur, l'idée me vint de lui parler de la libération du territoire, pour tâcher de connaître un peu les intentions du gouvernement prussien à cet égard.

« — Mon Dieu, me répondit-il, nous ne demandons qu'à évacuer le plus promptement possible ; l'occupation est une lourde charge pour les familles allemandes ; nous recevons chaque jour des doléances à ce sujet, et si nous pouvions être sûrs du paiement des trois milliards que vous devez nous verser, nous nous retirerions dès demain.

« Nous discutâmes alors les garanties qu'exigerait la Prusse pour ce paiement; je proposai un système de traites endossées par les banques d'Europe qui avaient le plus de crédit, et le chancelier trouva la mesure très acceptable.

« — Avant de vous donner une réponse définitive, ajouta-t-il seulement, il faut que je prenne les ordres de l'Empereur, je vais lui en parler, et je vous ferai connaître sa réponse immédiatement.

« Nous nous séparâmes, il était plus de deux heures du matin. Je m'endormis d'un profond sommeil, et je dormais encore vers cinq heures et demie du matin, lorsqu'on frappa brusquement à ma porte :

« — Entrez, m'écriai-je, réveillé en sursaut. Et M. de Bismarck, botté, éperonné, splendide dans son uniforme, entra dans ma chambre.

« L'Empereur, me dit-il, accepte votre proposition.

« — Ah! tant mieux! lui dis-je enchanté. Mais je n'ai pas les pleins pouvoirs nécessaires pour traiter cette question; il faut que je retourne à Versailles pour les demander à M. Thiers.

« — Qu'à cela ne tienne, répondit-il, vous avez notre parole.

« Quand j'arrivai à Versailles, assez fier de mon succès, je fus tout étonné de l'accueil grincheux que me fit M. Thiers; il était évidemment vexé que j'eusse obtenu 325 millions, quand lui, avait pensé qu'on n'en pourrait avoir qu'une centaine. Mais ce fut bien pire quand je lui parlai de la libération du territoire ; il devint véritablement furieux.

« — Qui est-ce qui vous a prié de vous occuper de cela ? » me dit-il. Et comme je répliquais que trouvant l'occasion favorable et M. de Bismarck bien disposé, j'avais cru pouvoir causer officieusement avec lui de cette question qui préoccupait tant la France :

« — Mais vous ne comprenez donc pas que j'ai besoin de cette question de la libération pour être maître de cette assemblée ; qu'une fois la libération accomplie, je ne serai plus qu'une vieille borne... (on connaît déjà la fin de la phrase) et qu'il me faut encore au moins deux ans pour terminer ce que j'ai commencé.

« Et voilà pourquoi, pendant deux ans encore, la France supporta les charges de l'occupation, le paiement, l'entretien des troupes allemandes et leur présence sur notre territoire.

« C'est ainsi que M. Thiers reçut le titre de Grand patriote et de libérateur du territoire. »

J'ai tenu à ce que M. Paul Dhormoys me fît l'honneur de me confirmer lui-même l'anecdote que l'on vient de lire. Je transcris sa lettre :

« 8, rue Fromentin.

« Monsieur le comte et cher confrère,

« Je ne puis mieux répondre à votre gracieuse lettre qu'en vous confirmant l'anecdote relative à la libération du territoire que j'ai racontée dans le premier volume de la *Comédie politique*.

« Bien plus; M. Pouyer-Quertier ayant tenté, longtemps après la publication du livre, dont les épreuves lui avaient été soumises par M. Didot, une demi-réfutation, j'ai dû, dans le second volume, écrire tout un chapitre et entrer dans les détails les plus circonstanciés à cet égard. Vous trouverez là tous les documents de l'affaire.

« Je n'ai pas besoin de vous dire combien je serais heureux et flatté que vous puissiez trouver dans ces récits et dans ceux que j'ai encore à publier quelques faits intéressants.

« Cela me prouverait que ce n'est pas tout à fait inutile d'avoir passé d'aussi longues années dans l'administration, et surtout dans les assemblées et dans les coulisses de la politique.

« Veuillez agréer, Monsieur le comte et cher confrère, les assurances de mes sentiments de haute considération et d'entier dévouement.

« PAUL DHORMOYS[1]. »

Le déplacement du pouvoir des mains de M. Thiers — la Révolution — dans celles du maréchal de Mac-

---

1. J'ai écrit à M. Pouyer-Quertier et à M. le comte de Martel, afin de me renseigner, autant qu'il était possible, sur l'incident que je viens de citer. Je regrette de ne pas avoir été autorisé à publier la lettre que M. Pouyer-Quertier m'a fait l'honneur de me répondre.

M. le comte de Martel confirme dans la sienne les lignes que l'on vient de lire.

Mahon — qui, pour une grande partie de la nation, représentait la contre-révolution, — semblait logiquement impliquer le salut du maréchal Bazaine.

La franc-maçonnerie tout entière, écrasée, anéantie, forcée d'avouer son impuissance en face de l'énergie qu'elle supposait au nouveau chef de l'État, s'attendait à une réaction rigoureuse et immédiate, dont le résultat très prochain serait la restauration de la monarchie; et elle s'attendait encore, comme premier acte du pouvoir du maréchal, à la réhabilitation immédiate de son collègue, *dont l'innocence devait lui être connue mieux qu'à tout autre.*

Pour les raisons que je viens d'exposer, ces pensées furent celles d'un très grand nombre de Français. Le maréchal de Mac-Mahon pouvait rendre une ordonnance de non-lieu ; le maréchal Bazaine, libre, traduisait en justice ses calomniateurs, la lumière sortait des débats, les véritables traîtres étaient condamnés, les vrais coupables punis, l'opinion retournée et la justice satisfaite.

Le maréchal de Mac-Mahon choisit pour ministre de la Guerre un général de cavalerie qui avait appartenu à l'armée de Metz, s'était constamment prononcé, avec toute l'énergie de son caractère, pour le maréchal Bazaine et contre l'infamie des accusations dont il était victime. Pourquoi donc, à la grande satisfaction de tous ceux qui avaient joué un rôle dans le gouvernement de la Défense Nationale, et à la profonde stupeur d'une grande partie de l'armée, le premier acte de pouvoir du maréchal de Mac-Mahon fut-il la constitution du Conseil de guerre qui devait juger son ancien collègue, ce que M. Thiers n'avait jamais voulu faire, et non pas l'ordonnance de non-lieu, prévue et impatiemment attendue ?

Cet acte était motivé par plusieurs raisons : la première était due à l'influence du parti orléaniste, à cette époque assez considérable, véritable base de la majorité qui avait amené le maréchal de Mac-Mahon au pouvoir et qui, selon les lois du régime parlementaire, était appelée au pouvoir avec lui. Pour ce parti, le maréchal Bazaine était l'homme de l'Empire, de l'Empire qui haïssait l'orléanisme de cette haine particulière que les partis rivaux ont entre eux, de l'Empire enfin, auquel l'orléanisme rendait cette haine, en vertu du même principe.

La seconde raison, c'est que le maréchal de Mac-Mahon n'est qu'un admirable soldat, incapable de résolution comme général en chef, encore plus incapable de résolution comme chef d'État. Complètement et absolument soumis à l'influence dominatrice de M. de Broglie, il était convaincu qu'il ne pouvait gouverner sans lui. Il a, par conséquent, non seulement trompé ceux qui ont cru en son mérite, mais encore compromis ceux qui s'étaient attachés à sa fortune.

Tout autre homme que le maréchal de Mac-Mahon, qui eût été chrétien éclairé, Français instruit, capable d'idées et de résolution, eût, en moins de deux mois, relevé la France de l'affaissement dans lequel elle était tombée ; mais, en bonne justice, on ne saurait faire peser trop lourdement sur lui la responsabilité de ses actes et de leurs conséquences. Les lourdes fautes qu'il a commises, il ne les comprenait pas.

Mais comment se fait-il que le maréchal de Mac-Mahon, incapable d'initiative et de hautes vues politiques, mais brave et loyal soldat, homme d'honneur dans toute la force du terme, n'ait pas prononcé une ordonnance de non-lieu? Comment n'a-t-il pas compris que ses fautes, à lui-même, avaient été dans cette funeste guerre assez grandes, assez désastreuses pour que la condamnation du maréchal Bazaine parût un fait révoltant? que l'histoire pourrait trouver bien étrange l'attitude de ces chefs militaires, sacrifiant à l'orgueil de la nation une victime unique, chargée de porter le poids de toutes les fautes commises ? Quant au ministre de la guerre, le général du Barail, le doute n'est pas permis à son égard : il aurait très volontiers rendu une ordonnance de non-lieu, il savait que c'était justice, et il avait le cœur assez haut placé pour que l'opinion publique ne modifiât pas la sienne ; mais il eût fallu être à la fois ministre de la Guerre et républicain *romain :* rendre l'ordonnance de non-lieu le matin, et se disposer à quitter le ministère le soir!

La composition du Conseil de guerre, que l'on représentait comme à peu près impossible sous le gouvernement de M. Thiers, — c'était une des mille objections contre sa formation, — fut arrêtée en un instant sous le gouvernement du maréchal de Mac-Mahon.

La très grande, la trop grande majorité des membres de ce Conseil était orléaniste. Plusieurs de ces officiers généraux avaient été, soit officiers d'ordonnance, soit aides de camp du roi Louis-Philippe. Ce n'était pas habile : c'était montrer, par trop clairement, que le procès n'était que politique. Mais au moins, comme cela, on était sûr des résultats, et le seul prince d'Orléans *qui fût resté orléaniste,* en était, sur sa demande, nommé président.

Sur sa demande! je dis bien. M. Thiers l'a déclaré à plusieurs reprises. Quel était le but de M. le duc d'Aumale, en réclamant l'honneur de présider un Conseil de guerre qui devait dégrader un soldat français et condamner à mort un des maréchaux du gouvernement qui l'avait exilé, lui et les siens?

En premier lieu, satisfaire une rancune bien naturelle; puis, en présidant un Conseil qui donnait aussi satisfaction à l'opinion publique, acquérir une popularité que la question des millions réclamés avait fortement compromise.

Comment n'a-t-on pas compris à cette époque que M. le duc d'Aumale aurait dû être le dernier désigné pour présider un pareil conseil?

Il était juge et partie, il était incompétent, il ne pouvait rendre justice.

On a parlé, il est vrai, de son ancienneté comme général, pour expliquer cette présidence : on a encore trompé l'opinion publique.

Le duc d'Aumale non seulement n'était pas le plus ancien officier général de l'armée, puisque le général Schramm était plus ancien que lui ; mais il était encore l'un des moins anciens.

En effet, la loi du 19 mai 1834 dit que le temps passé en non-activité ne compte, pour les officiers, que pour la *retraite seulement*. Et le duc d'Aumale avait passé vingt-deux ans en non-activité à l'étranger.

La présidence du Conseil de guerre revenait donc de droit au général Schramm, puis à bien d'autres généraux, avant d'arriver au duc d'Aumale ; du reste, je crois devoir consigner ici un document fort intéressant, que je relève dans le dernier ouvrage publié par le maréchal Bazaine, et qui explique comment le général Schramm fut évincé[1] :

« Le 18 août 1877, je[2] me rendis à la Courneuve, près Saint-Denis, pour rendre visite au général Schramm.

« Au moment de mon arrivée, le général revenait de Paris. Il me reçut avec la plus grande affabilité.

---

1. *Épisodes de la Guerre de 1870, et le Blocus de Metz*, par l'ex-maréchal Bazaine.
2. La personne qui parle ici est un ancien officier de l'état-major du maréchal Bazaine.

(Suit la partie de notre conversation relative à l'objet de ma visite.)

« — Mon général, mon plus grand désir, en venant vous trouver, est d'élucider un point d'histoire. Si, par hasard, ma demande vous paraissait indiscrète, veuillez me le dire franchement, et ne pas me refuser votre indulgence, en raison du motif qui me guide.

« Lors du procès du maréchal Bazaine, votre droit et votre devoir, comme le plus ancien général de toute l'armée française, était de présider le Conseil de guerre appelé à juger sa conduite.

« Est-il vrai, comme plusieurs personnes me l'ont affirmé, que ce droit, vous l'avez revendiqué, et que, malgré votre juste réclamation, on a passé outre ?

« — *Oui, mon enfant* (le général Schramm était officier général avant ma naissance, ce titre n'avait donc rien que de très bienveillant), *rien n'est plus vrai !*

« — Vous connaissez, mon général, ma respectueuse affection pour le maréchal Bazaine, qui n'est, en réalité, que la malheureuse et grande victime de nos dissensions politiques. Je ne vous surprendrai donc pas en vous disant que mon idée fixe est la revision de ce triste procès, lorsque le jour sera venu.

« Mais à toute affaire il faut un grelot, et votre incident en est un. C'est pour ce motif que je vous demande de vouloir bien me donner votre affirmation par écrit.

« — Lors de la composition du tribunal, me répliqua le général, j'appris que l'on avait décidé en haut lieu d'en donner la présidence au duc d'Aumale. Je me rendis immédiatement, pour protester, chez le ministre, le général du Barail, dont le père avait dû autrefois sa réintégration dans l'armée à mon intervention. Je protestai ; le ministre m'objecta mon grand âge et certain article de la loi.

« A cela je répondis que j'ignorais si, pouvant encore tenir douze heures à cheval, mon âge pouvait être un obstacle ; que, quant à la loi, je n'en connaissais qu'une, en vertu de laquelle l'ancienneté est un grade, et que je ne pouvais admettre d'être placé sous les ordres de M. le duc d'Aumale, dont, comme général, j'avais dirigé les débuts lorsqu'il était à peine chef de bataillon.

« Je ne ferai, ajoutai-je, peut-être pas preuve d'autant d'éloquence que lui, mais j'apporterai du moins une expérience qu'il ne peut avoir. Je quittai le ministre en lui disant : « Je serai du conseil comme président, ou je n'en serai pas. »

« On me récusait donc comme président, mais on me désignait comme juge. On m'envoya même des médecins pour constater mon état de santé.

« Je ne pouvais répondre par un refus pur et simple, sans me mettre sous le coup d'un jugement, pouvant entraîner la prison et la destitution.

« J'invoquai alors d'anciennes blessures, constatées par un certificat délivré en 1815 par Larrey et Sue (le père du romancier).

« Ce certificat m'avait servi à refuser légalement de reprendre du service sous les Bourbons; mais en servant de 1830 à 1870, j'ai bien prouvé que mes blessures n'étaient pas un obstacle réel. J'invitai les docteurs à me visiter, tout en leur disant que je ne supposais pas qu'ils pussent contredire des princes de la science, leurs anciens maîtres, *et je fus déclaré exempt de siéger*.

« Dans ces conditions, je ne peux plus, vous le comprenez, vous donner la pièce que vous me demandez; *mais je vous autorise complètement à dire et à écrire toute notre conversation.* »

« Je compris très bien que le général ne pouvait se déjuger, et qu'à toute protestation on opposerait le procès-verbal médical, et je n'insistai pas.

« Et cependant il est évident, d'après ce qui précède, que ces blessures, antérieures à 1815, n'auraient pas plus empêché le général de siéger comme président, qu'elles ne l'empêchèrent de servir son pays de 1830 à 1870. Il est évident qu'elles furent uniquement un prétexte destiné à riposter à un déni de justice.

« Si je ne suis pas bon pour présider, je ne veux
« pas être bon pour siéger sur un fauteuil de simple juge, » — telle avait été la pensée du général.

« Le général me dit encore :

« — J'ignore la marche qu'eussent suivie les débats sous ma direction; mais ce que je sais, c'est qu'ayant suivi le maréchal dans sa carrière, dès ses débuts, j'ai apprécié son intelligence, son courage et ses services, que j'ai aidé à récompenser. Ce que je sais, c'est qu'il n'est pas dans la carrière, ni dans la Légion d'honneur, un grade qui ne lui ait été concédé pour un fait de guerre, et que je n'aurais pas manqué à mettre ce long et glorieux passé sous les yeux des juges.

« Je ne pus m'empêcher de lui répondre :

« — Là est peut-être, mon général, le motif réel de votre exclusion.

« La conversation continua longtemps encore sur les événements de Metz, sur le procès et sur certains personnages qui y ont joué un rôle.

« — C'est ainsi qu'on écrit l'histoire ! me dit tristement le général.

« Je le quittai enfin, après une visite de près de deux heures, qui se termina par l'invitation à le venir voir souvent, et je retournai à Paris, charmé de l'accueil que j'avais reçu, émerveillé d'avoir trouvé dans le général un homme aussi sain de corps et d'esprit, malgré son âge, car il me déclara qu'il avait quatre-vingt-quatre ans. »

La lettre que l'on va lire de M. le général du Barail, ancien ministre de la Guerre, confirme absolument la déclaration de M. le général Schramm.

Pour qui veut la lire avec soin, elle répond également à certaines questions que je ne me serais pas permis d'adresser à M. le général du Barail.

« Paris, 2 décembre 1887.

« Monsieur le Comte,

« Je n'ai, je vous assure, aucune répugnance à répondre à la demande que j'ai reçue de vous tout à l'heure ; mais je crains de ne pouvoir le faire d'une manière qui vous satisfasse.

« Comment me rappeler, en effet, non pas seulement les termes, mais même le sens d'une conversation tenue il y a plus de 14 ans aujourd'hui, et qui, je vous assure, n'a pas eu l'importance que vous semblez y attribuer.

« J'ai reçu, en effet, un matin, la visite du général Schramm, au moment où je m'occupais de la composition fort difficile du conseil de guerre qui devait juger M. le maréchal Bazaine. J'avais grand'peine à trouver le nombre d'officiers généraux remplissant les conditions légales exigées pour constituer ce haut tribunal, et, si ma mémoire me sert bien, le général Schramm est venu spontanément m'offrir ses services, mais à la condition, comme vous le dites, d'avoir la présidence, — qui devait lui revenir par son ancienneté de grade, sans parler de son âge et de l'ancienneté et de l'éclat de ses services.

« Je suis absolument certain qu'il ne fut pas question d'autre chose entre nous, et que le général Schramm s'abstint absolument devant moi de toute appréciation personnelle sur le fait même qui servait de base au procès.

« Il ne me fut pas possible d'accepter la proposition du général, parce qu'il mettait pour faire partie du Conseil de guerre la condition absolue d'en avoir la présidence, qui, par une délibération prise en Conseil des ministres, avait été dévolue à un autre officier général.

« Je n'ai pas eu et je n'ai pas encore à apprécier le jugement rendu dans de très pénibles circonstances, et qui semble avoir obtenu la sanction de l'opinion publique ; je suis très disposé à croire que, pour que l'appréciation des faits eût été absolument équitable et exempte de toute passion politique, il aurait fallu que les juges chargés d'examiner la conduite de l'ancien commandant en chef de l'armée du Rhin se fussent trouvés dans les mêmes circonstances et eussent passé par les mêmes épreuves que le maréchal Bazaine ; seulement je ne puis m'empêcher de reconnaître que le maréchal, en exigeant lui-même sa traduction devant un Conseil, semblait déclarer d'avance se soumettre au jugement qui serait rendu, et contre lequel il n'a pas appelé.

« Agréez, monsieur le comte, l'assurance de mes sentiments les plus distingués.

« F. DU BARAIL. »

Vous avez lu. Réfléchissez.

Il existe au ministère de la Guerre un rapport sur les forts de la rive gauche de la Moselle à Metz. Dans ce rapport il est dit :

« ... Si jamais l'ennemi attaque Metz, un corps considérable de l'armée de siège opérera sur la rive gauche de la Moselle et entrera en France par Briey. Ici l'auteur du rapport s'est trompé ; — l'ennemi est venu par Pont-à-Mousson et non par Briey, — après avoir pris ou masqué les places de Longwy et de Thionville. Dans le cas où l'organisation des défenses de cette rive ne serait pas assez solide pour déjouer de grands efforts, nul doute qu'il ne cherchât à s'en emparer pour, de là, brûler la ville et, en détruisant une grande partie des établissements militaires, hâter la reddition de la place. Ces résultats pourraient même être obtenus d'emblée par l'ennemi. »

C'est ce qui explique la décision du maréchal Bazaine d'occuper la ligne d'Amanvilliers. Mais le point sur lequel je veux attirer l'attention du lecteur se trouve un peu plus loin dans ce rapport. Le voici :

« Il n'y aurait d'autre moyen d'arrêter l'ennemi qu'en exécutant une série de sorties. Mais avant de le joindre il faudrait parcourir un espace découvert, soumis à son feu, et rien ne prouve qu'une opération ainsi engagée parvînt à réussir. N'y a-t-il vraiment pas un contresens regrettable à négliger ainsi les résistances passives que présente le terrain, et à être réduit à se défendre au moyen *de sorties d'un succès plus que douteux ?* »

L'opinion émise par le signataire de ce rapport sur le sort probable réservé aux sorties de Metz, lorsque l'ennemi occupe certaines positions, est bonne à relever; c'est la vraie.

Mais quel était donc l'officier qui avait fait et signé ce rapport?

C'était le lieutenant-colonel Séré de Rivières, le même, qui, plus tard comme général rapporteur du Conseil d'enquête, devait se prononcer dans de tout autres termes, lorsqu'il eut à apprécier les opérations militaires de Bazaine à Metz, c'est-à-dire sur le point même qui avait été précédemment l'objet de son rapport.

Quand le maréchal, tout surpris, lui demanda pourquoi sa manière de voir de 1872 n'était plus celle de 1867, le général de Rivières lui répondit, d'un ton rogue : « Ah voilà !... » C'était la réponse que le général de Rivières se plaisait à faire aux observations du maréchal pendant le cours de l'instruction.

Ce procès restera dans l'histoire comme l'acte le plus caractéristique du renversement de toute hiérarchie, de toute discipline.

Parmi tous ces généraux de division, celui qui avait exercé le commandement militaire le plus important, avait autrefois commandé de *deux à trois mille hommes*. Il était appelé à juger un maréchal de France qui en avait commandé de *deux à trois cent mille :* c'était, en fait de compétence, aussi logique, aussi sensé, aussi hiérarchique que de faire juger un colonel par des caporaux.

Comme hiérarchie, comme discipline, qu'était-ce donc qu'un conseil de guerre de généraux de division jugeant un maréchal de France, si ce n'est les inférieurs jugeant leur supérieur, — c'est-à-dire le renversement de l'ordre établi?

Le maréchal Bazaine n'avait jamais eu grand espoir de voir sa justification sortir de son procès. Il se rendait clairement compte qu'il ne pouvait être justifié qu'en faisant le tableau photographique de l'armée qu'il avait commandée, tant au physique qu'au moral.

Or, il était résolu, bien résolu à ne pas faire et à ne pas laisser faire ce tableau. C'était déconsidérer l'armée, avouer qu'en parlant de son *bon moral* à Metz, il avait parlé comme un père à un enfant peureux, lui disant qu'il est brave afin de le pousser à l'être. C'était aussi déconsidérer une bonne partie de ses chefs qui, dans les conditions si inquiétantes où se trouvait la France, jouissaient de l'estime de l'armée et représentaient une force précieuse, la seule qui fût encore debout.

Mais quand il apprit la composition du Conseil, quand il vit quelle en était la couleur politique, il ne douta pas de la sentence. Il fit son sacrifice; il devait penser, en effet, qu'il serait condamné, puisqu'il était déterminé à ne pas forcer les juges à l'acquitter, et à ne pas révéler ce qu'il croyait contraire aux intérêts de la France et de son armée.

Il ne voulut pas prendre un défenseur militaire :

« Je ne veux pas, disait-il, que la question militaire soit traitée; mes juges ne la soupçonnent pas, ou bien ils agiront comme s'ils ne la soupçonnaient pas : ce qui revient au même. »

Mᵉ Lachaud, son digne, loyal défenseur, déclara au maréchal qu'il se condamnait lui-même d'avance, et qu'il lui serait impossible de le sauver, s'il n'était autorisé à présenter la question sous son véritable jour; s'il ne mettait en lumière la situation morale, matérielle et stratégique de l'armée, la conduite des commandants de corps, leurs fautes, tous les obstacles que le général en chef avait rencontrés à chaque pas; s'il n'était pas enfin autorisé à faire citer un certain nombre de témoins qui s'offraient de prouver, se mettant au-dessus du scandale, que telle ou telle déposition était fausse. La volonté du maréchal était bien arrêtée. Il répondit que la plaidoirie de son avocat devait se borner à réfuter l'accusation; que, quant à lui, son sacrifice était fait.

On lui fit dire à deux reprises différentes, dans sa prison, que s'il voulait être acquitté, il n'avait qu'à charger l'Empereur et à répondre à toutes les questions qui lui seraient posées : — C'était par ordre de l'Empereur.

Ces avis officieux étaient-ils sincères? Sincères ou non, le maréchal ne voulut pas s'y rendre.

Tous les moyens de faire surgir la vérité, et de forcer par conséquent ses juges, bon gré mal gré, à prononcer un acquittement, — il ne pouvait, il ne voulait pas les employer.

Je le répète encore, son sacrifice était fait.

Il fut pendant le procès ce qu'il avait toujours été sur le champ de bataille, — calme, impassible, maître de lui. Le maréchal Le Bœuf, le brave général Bourbaki et l'éminent général Desvaux ont, par leur attitude et leur témoignage, formé, avec leurs collègues, un contraste bien saisissant, pour ceux qui ne recherchent que la vérité, et bien honorable pour eux-mêmes.

Le maréchal Le Bœuf a jeté, avec l'autorité d'un spécialiste très instruit, la lumière sur l'état matériel de l'armée. Le général Bourbaki, avec sa parfaite loyauté, en a fait autant sur les prétendus succès du général de Ladmirault, sur l'incident Régnier, sur la situation de l'armée quand il l'a quittée, sur l'exposé qu'il avait fait de cette situation au gouvernement de la Défense Nationale. Enfin le général Desvaux a toujours été net, vrai, positif, sans égard à aucun autre intérêt que celui de la vérité, et il a eu le mérite de faire tomber en poussière l'un des chefs d'accusation, dont on espérait tirer le plus grand profit, qui devait frapper un grand coup sur l'esprit public et sur lequel je me suis longuement étendu, — la livraison des drapeaux.

Le public, toujours si compétent, qui voit toujours si juste, même dans les questions où il ne comprend absolument rien, a trouvé que le maréchal Bazaine avait été *faible* au cours de son interrogatoire. Comment aurait-il pu être *fort* puisqu'il était résolu à ne rien dire pour sa justification? Mais, en revanche, ce même public a beaucoup admiré M. le Président, sa science militaire, sa mesure, sa dignité. Ah! si celui-là avait commandé l'armée du Rhin, les choses ne se seraient pas passées de la sorte!

Le fait est que M. le duc d'Aumale, avec une compétence digne de celle du public, un aplomb imperturbable, une assurance de grand maître, a donné au maréchal Bazaine des leçons d'art militaire, que le maréchal a reçues sans répliquer, avec une modestie qui, si elle n'eût été dans son caractère, était dans son rôle de victime. Et cependant ces leçons, dans son for intérieur, le faisaient sourire de pitié.

Enfin, M. le duc d'Aumale, qui a bien étudié la Révolution, qui en connaît les secrets et les moyens, a lancé une de ces phrases dont l'effet est toujours assuré, et qui lui a valu les éloges et les sympathies des révolutionnaires de toutes nuances et des masses populaires.

Le maréchal avait dit qu'il était lié par son serment à l'Empereur; que, vu le régime et la composition du nouveau gouvernement, il ne l'avait cru ni sérieux ni durable; qu'il reconnaissait parfaitement les devoirs stricts d'un général en chef vis-à-vis d'un pouvoir légal, provenant d'un gouvernement reconnu par le pays, mais qu'il ne les reconnaissait pas quand il était en face d'un pouvoir insurrectionnel qui ne représentait rien. Et le président répond :

— La France existait toujours!..

Si l'on avait demandé à M. le duc d'Aumale la signification de cette phrase, qu'aurait-il répondu ?

Par quel moyen peut-on servir la France, sans gouvernement, ou avec un gouvernement que l'on ne croit pas que la France veuille accepter? Qu'est-ce donc que la France sans gouvernement? N'est-ce pas un corps sans tête! Où saisir sa pensée, sa volonté ?

M. le duc d'Aumale, dont tout l'interrogatoire a eu pour base un faux point de départ, admet toujours que le moral de l'armée était excellent, ses chefs éminents, son organisation parfaite. Toute la direction qu'il a donnée aux débats repose sur ces hypothèses.

Le maréchal, je l'ai dit, était bien décidé à ne pas le contredire; aussi le duc, qui a saisi tout l'avantage qu'il pouvait tirer de cette situation, accablait-il sa victime de questions insidieuses, qui, par elles-mêmes et par les réponses qu'elles provoquaient, devaient nécessairement faire paraître le maréchal coupable d'inertie calculée, coupable d'avoir sacrifié son excellente armée, de l'avoir laissée à dessein s'user et s'épuiser. C'était là, — il l'avait compris, — le grand chef d'accusation, le pivot autour duquel il ferait tourner les débats; aussi y revient-il sans cesse, parce qu'il a senti, parce qu'il sait bien que de ce côté on ne se défendra pas, et qu'ainsi la condamnation sera certaine et paraîtra juste.

En effet, le maréchal fut condamné à l'unanimité.

Mais on sait maintenant comment cette unanimité fut obtenue.

M. le duc d'Aumale, sachant que deux ou trois membres du conseil étaient flottants, ou craignant qu'ils ne le fussent, — trois membres étaient d'un grand poids dans un conseil composé de six ! — réunit le conseil avant la dernière délibération, en prenant toutefois la précaution de prévenir ses membres qu'il ne s'agissait pas d'une délibération officielle, mais d'une simple conversation tout amicale.

Il leur représenta que, sans rien préjuger de leurs convictions, la condamnation du maréchal était inévitable, et que, dans cette hypothèse, il était désirable, vu l'intérêt du grand exemple si utile à donner, que cette condamnation fût prononcée à l'unanimité.

Le gouvernement avait assumé toute la responsabilité de la sentence, non seulement en constituant le Conseil de guerre, — ce qui prouvait dans sa pensée la culpabilité du maréchal, — mais encore en donnant la grand'croix de la Légion d'honneur à deux des juges, quelques jours seulement après leur entrée en fonction.

Fait sans précédent !

En supposant que les deux officiers généraux méritassent cette haute récompense, le moment était mal choisi pour là leur donner. C'était, en apparence du moins, acheter leurs voix.

Quoi qu'il en soit, le président ne put obtenir l'unanimité qu'il désirait qu'en acceptant de faire signer *à l'avance, avant que la condamnation eût été prononcée* par tous les membres du Conseil, un recours en grâce.

Ce fut dans ces conditions que l'unanimité fut obtenue.

La dernière délibération du conseil dura quatre heures. Après un procès qui avait duré lui-même plus de deux mois; après toutes les explications possibles, si longuement et si minutieusement données, la longueur de cette dernière délibération *ne fut qu'une frime.*

Elle était destinée à produire son effet sur l'opinion publique, — à donner à la sentence la sanction bien complète de l'examen approfondi, de la sérieuse réflexion, de la maturité parfaite.

M. le duc d'Aumale, contrairement à la prescription formelle du code de justice militaire ordonnant que, pour le prononcé du jugement, *le président et les juges doivent être couverts, se découvrit en disant : Au nom du peuple français...*

Que de choses dans ce salut du fils du roi-citoyen à la majesté du peuple français !

C'était bien l'acte du même homme qui avait fait à l'Assemblée un vrai discours de 1830, avec protestation d'amour pour le *drapeau chéri*. Son père, le franc-maçon, l'usurpateur, le conspirateur, le spoliateur, ne parlait pas et n'agissait pas autrement.

Est-ce que ce salut ne venait pas donner raison à ceux qui affirmaient que le duc d'Aumale avait sollicité la présidence de ce Conseil, qui devait dégrader un maréchal de France et le condamner à mort ?

Il est bon de chercher à être populaire, de flatter les passions des masses; mais malheureusement il en est de ceci comme de bien des choses de ce bas monde : le résultat répond rarement aux espérances.

Philippe-Égalité, en votant la mort du roi de France, en assistant, debout dans un cabriolet, à son supplice, ne pensait pas que la hache révolutionnaire, dont il avait trouvé légitime d'armer la main du peuple pour trancher la tête de son souverain, trancherait également la sienne, quelques mois après.

Son petit-fils ne pensait pas non plus, je suppose, que, de la présidence du Conseil de guerre qui devait condamner le maréchal Bazaine à mort, — sacrifice offert aux passions populaires, — il arriverait, quelques années après, à l'exil, au bannissement.

Il faut avouer que le peuple est un maître bien difficile à servir, et qu'il ne récompense pas toujours les flagorneurs qui n'ont pas craint de se salir, en proportion des efforts qu'ils ont faits pour lui plaire!

Le général Pourcet signifia la sentence au maréchal, qui la prévoyait depuis le commencement des débats.

Il l'apprit avec son sang-froid habituel, avec son calme imperturbable. Les seuls mots qu'il prononça furent :

« C'est ma première punition. »

Il avait vingt-quatre heures pour se pourvoir :

« Je ne me pourvoirai pas, dit-il ; je suis condamné, qu'on exécute la sentence. Je suis prêt. »

Puis il écrivit à son défenseur la lettre suivante :

Mon cher et malheureux défenseur, avant l'heure suprême, je veux vous remercier de toute mon âme des efforts héroïques que vous avez tentés pour soutenir ma cause. Si les accents de la plus haute éloquence, que vous avez puisée dans le sentiment de la vérité et dans le dévouement de votre noble cœur, n'ont pas convaincu mes juges, *c'est qu'ils ne pouvaient être convaincus*. Car, dans votre admirable parole, vous avez dépassé l'effort humain.

Je ne me pourvoirai point. Je ne veux pas prolonger, devant le monde entier, le spectacle d'une lutte aussi douloureuse, et je vous prie de ne faire aucune démarche en ma faveur. Ce n'est plus aux hommes que je demande de me juger : c'est du temps, de l'apaisement des passions que j'attends ma justification.

J'attends, ferme et résolu, fort de ma conscience, qui ne me reproche rien, l'exécution de la justice.

Dans la nuit du 11 au 12, le maréchal dormait profondément. Son aide de camp, le colonel Willette, qui lui était resté aussi fidèle que dévoué, vint l'éveiller :

— Qu'est-ce? dit le maréchal. Le moment est-il venu? Allons.

— Non, Monsieur le maréchal; je vous apporte une commutation de peine.

Le maréchal lut la lettre que lui tendait son aide de camp, et, posant le pli officiel sur le guéridon qui était auprès de son lit :

— Que la volonté de Dieu soit faite! J'étais prêt à la mort.

Ce n'était pas la grâce; c'était une commutation de peine qu'on avait fait attendre trente-six heures! C'était la dégradation, l'infamie, la privation de tous moyens d'existence; car le maréchal n'en avait pas d'autres que ses appointements.

Pauvre maréchal... de Mac-Mahon!

Le lendemain, 12, le condamné écrivait à celui qui l'avant-veille encore était son collègue :

> Monsieur le maréchal, vous vous êtes rappelé le temps où nous servions la patrie l'un à côté de l'autre; je crains que votre cœur n'ait dominé la raison d'État. Je serais mort sans regret; *car la demande en grâce que vous ont adressée mes juges venge mon honneur.*

Ces deux lettres sont écrasantes. Chacun des mots semble avoir une valeur exceptionnelle.

Oui, sans doute, la demande en grâce de ses juges vengeait son honneur; car elle dit, en propres termes, que *la sentence qu'ils ont prononcée est injuste.*

Ils ont voulu donner satisfaction à l'opinion publique en prononçant la condamnation ; mais ils n'ont pas voulu assumer la responsabilité de la mort de leur victime.

Les malheureux !

Je crois utile de citer, en son entier, la réponse que M. le comte de Kératry, d'abord l'un des plus vaillants officiers de l'armée française, puis député, préfet de police, préfet de la Haute-Garonne et des Bouches-du-Rhône, a bien voulu me faire l'honneur de m'adresser.

Je ne doute pas que le lecteur ne me sache gré de mettre sous ses yeux un document historique de cette importance.

La très haute honorabilité du comte de Kératry, le rôle qu'il a joué dans la politique contemporaine, son remarquable talent d'écrivain, donnent à ce document une valeur exceptionnelle.

CHAPITRE XI

Bazaine au Mexique. — A la table de l'Empereur. — Un choix patriotique. — Je demande des juges. — Bazaine a trahi. — Gambetta veut sa tête. — Le défenseur de Troppmann. — Aveu de M. de Bismarck. — Un crime politique. — Un peu de lumière. — Faute de mieux. — Ce que pensait M. de Bismarck. — Les devoirs d'une Régente.

« Paris, 5 novembre 1887.

« Monsieur le Comte,

« J'ai bien reçu votre lettre de la veille : je vous avouerai franchement qu'elle m'a jeté dans une poignante perplexité. Outre qu'elle réveillait chez moi des souvenirs si douloureux, que ma pensée évite de les raviver, elle me demandait d'apprécier certains événements sur lesquels la justice de mon pays a prononcé : rôle toujours bien délicat, quand un simple citoyen se trouve placé entre l'arrêt d'un tribunal suprême, dont la conscience a assumé, dans toute sa loyauté, la cruelle responsabilité, — et la plus lamentable des infortunes, qui a droit au silence de l'ancien officier d'ordonnance du général Bazaine au Mexique. J'ajouterai que je n'ai jamais revu l'ancien maréchal de France, depuis le procès de Trianon.

« Mon parti était donc bien pris de me taire et de me dérober au véritable interrogatoire que vous avez cru pouvoir m'adresser. Après plus mûre réflexion, j'ai estimé qu'il y aurait lâcheté devant l'histoire à ne pas dire ce que je sais.

« Je répondrai donc point par point, sans me soucier des récriminations. La vérité leur survivra, cela me suffit.

« 1° *Quelle est votre opinion sur la conduite du maréchal Bazaine au Mexique? Est-il vraiment un ambitieux qui ait eu la pensée de se substituer à l'empereur Maximilien?*

« A cette première question, qui a une grande importance pour qui cherche dans le passé d'un prévenu la clef et la logique de ses actes postérieurs, je répondrai par les souvenirs qui vont suivre.

« Le 19 décembre 1863, après avoir marché toute la nuit à la poursuite de la division mexicaine Dolbado, le général Bazaine bivouaquait à l'aube du jour, avec la brigade du Barail, sur la route d'Aguas-Calientes. La colonne avait repos bien gagné pour toute la journée.

« Vers dix heures du matin déboucha dans le camp un cavalier venu à toute vitesse de Mexico, porteur du courrier de France destiné au général en chef.

J'avais pris le service de jour en qualité d'officier d'ordonnance. Le courrier qui me fut remis ne contenait que quatre lettres officielles à son adresse, une de l'empereur Napoléon III, la seconde de l'impératrice Eugénie, et les deux autres des ministres de la Guerre et de la Marine. La cinquième, émanant du fidèle aide de camp, le commandant Willette, resté à Mexico pour l'expédition des affaires, nous annonçait la mort subite de la générale Bazaine, décédée en sa campagne de Chatou. Les quatre lettres étaient des messages de condoléance.

« Le général adorait sa femme, le coup porté pouvait être foudroyant. Il fut résolu entre nous que la triste nouvelle ne serait communiquée au général que le lendemain, après son entrée dans la ville d'Aguas-Calientes. Par malheur, le général, qui reposait sous sa tente, avait entendu l'arrivée du cavalier ; force fut de lui révéler la vérité.

« A l'annonce qui lui en fut faite, par son neveu Albert Bazaine, qu'il affectionnait particulièrement, le général s'abattit comme un chêne sur son lit de campagne. Tout le jour le camp, sans sonneries, respecta le deuil de son chef. A minuit, la colonne silencieuse quittait le bivouac à la rencontre des libéraux.

« De service jusqu'au rapport du lendemain, je marchais dans la nuit sombre derrière le général, qui subitement piqua des deux en avant, sans souffler mot. Je suivis seul à la même allure.

« Le général, toujours muet, sans songer au risque qu'il courait d'être enlevé par les guérillas, galopait sans s'arrêter à travers l'obscurité.

« Je me permis de lui représenter que l'escorte était déjà bien loin en arrière. Il s'arrêta brusquement.

« — Ah! mon pauvre ami, s'écria-t-il dans un long sanglot, je suis bien malheureux, bien à plaindre! Ma vie est finie! Je n'avais d'ambition que pour ma chère morte! »

« Et comme j'essayais de le consoler : — Kératry, me dit-il, retrouvant sa voix ferme, aussitôt la campagne terminée, vous pourrez partir pour Paris, vous verrez l'Empereur, vous lui direz que la guerre est finie, que je lui demande comme grâce particulière, s'il est content de moi, de me rappeler de suite en France et de me réserver un commandement dans la campagne qui me paraît prochaine contre la Prusse. Une fois mes affaires réglées, je saurai bien m'y faire tuer! »

« L'escorte, prise d'inquiétude, arrivait en toute hâte; le général retomba dans le silence.

« Que de fois, depuis lors, cette scène nocturne, suivie de tant de drames, a hanté mon souvenir!

« Rentré à Mexico, je partis en effet pour Paris.

« Dès son retour de Compiègne, l'Empereur me fit l'honneur de m'inviter à sa table. En présence de ses deux autres convives, le général Fleury et l'amiral Fourichon, je lui répétai textuellement les paroles du général Bazaine, qu'il écouta attentivement, sans rien répondre.

« Après déjeuner, l'Empereur m'amena dans l'embrasure d'une fenêtre de son cabinet, donnant sur les jardins des Tuileries, et me posa cette question : « — Le général a-t-il eu connaissance des infamies publiées à propos de la mort de Mme Bazaine ? — Non, sire. Le colonel Boyer et moi nous avons brûlé tous les journaux arrivés de France qui s'en étaient fait l'écho. Lors de mon départ, le général n'avait rien lu. »

L'Empereur se dirigea lentement vers la cheminée, s'y adossa, alluma une cigarette ; puis, tortillant sa moustache, laissa tomber lentement ces mots : « Vous pouvez repartir pour Mexico. Vous direz au général que j'ai encore besoin de ses services là-bas ; qu'il doit rester au Mexique... » Et au moment où je prenais congé de Sa Majesté, Napoléon III, qui avait l'âme tendre, ajouta avec vivacité : — « Aucun autre endroit ne peut mieux convenir à sa douleur... que je partage. Vous pourrez annoncer confidentiellement au général qu'en récompense de sa très brillante campagne, il recevra sous peu le bâton de maréchal. »

« Hélas ! à mon retour à Vera-Cruz le général avait lu les journaux... et se remariait ! Qui peut dire l'influence qu'un odieux libelle a exercée sur toutes les destinées de la France ?

« 2° *N'avez-vous pas contribué, en 1870, à sa nomination de commandant en chef?*

« Ma déposition devant l'Assemblée Nationale l'indique : j'ajouterai que l'opposition, en le désignant au choix de la Régence comme général en chef, n'obéissait qu'à un pur sentiment de patriotisme; car elle ne songeait qu'au talent militaire, bien éprouvé, du maréchal, tout en imposant silence à ses griefs personnels contre sa personne.

« En effet, quelque temps avant l'affaire Noir, le maréchal, qui commandait alors la Garde impériale, m'avait prié de venir le voir à l'École Militaire. Je m'y rendis; là, le maréchal me tint ce propos : « Veuillez dire à messieurs vos collègues de l'opposition que s'ils sont tentés d'être factieux, je serai impitoyable.

« — Monsieur le maréchal, répondis-je, puisque c'est au député que vous parlez, ma réponse est simple. Nous n'avons pas à écouter un pareil langage. » Et je me retirai.

« Je n'ai plus revu le maréchal que dans sa prison de Versailles.

« 3° *N'avez-vous pas été un des premiers, lorsque l'opinion de la masse s'est déclarée contre lui, à engager le maréchal à demander des juges?*

« Lorsque j'étais préfet à Toulouse, durant la Commune, plusieurs officiers de l'armée de Metz, nos anciens compagnons d'armes, sortant des prisons de l'ennemi, vinrent me voir et m'entretinrent des bruits fâcheux, répandus dans Metz même, sur les opérations du maréchal.

« Sur ces entrefaites, je reçus une lettre du maréchal, écrite de Suisse où il séjournait, pour me remercier des mesures de protection dont j'avais entouré la maréchale aux premiers jours du siège de Paris. Je profitai de ma réponse adressée à Genève, chez un médecin dont le nom m'échappe, pour signaler au maréchal les rumeurs grandissantes, et lui dire respectueusement qu'il devait à son honneur, au nom qu'il lèguerait à son fils, de venir en France se justifier. Le maréchal me répondit plus tard : « Fort de ma conscience, je pars et je vais demander des juges à M. Thiers. »

« *4° Ne pensez-vous pas que ce procès ait été bien plus politique que militaire ?*

« Il importait au premier chef à la politique et à l'influence de Gambetta que son cri à la France : « Bazaine a trahi ! » ne pût être démenti. Le général d'Andlau, dont le réquisitoire passionné a entraîné l'opinion publique, pourrait utilement vous renseigner à ce sujet. M. Thiers, qui voyait les choses de plus haut, et qui envisageait les conséquences militaires d'un pareil procès devant des masses affolées, y était particulièrement hostile. Il fallut l'insistance du maréchal pour décider l'enquête.

« 5° *N'avez-vous pas été à cette époque au courant de l'opinion de MM. Thiers et Mac-Mahon sur Bazaine?*

« J'ignore absolument le sentiment de M. le maréchal de Mac-Mahon. J'estime que depuis longtemps les rapports entre les deux maréchaux manquaient de cordialité.

« Je passe à M. Thiers :

« Le 8 septembre 1872, je reçus de M. Thiers un télégramme m'appelant à Versailles. Au cours de la conversation, le chef du pouvoir exécutif m'adressa ces mots : — « Allez voir le maréchal en prison. Engagez-le à publier toute la vérité sur son rôle au Mexique. Ses ennemis s'en font une arme contre lui, qu'il se défende lui-même en restant sur le terrain politique. La situation s'aggrave... Gambetta veut sa tête... Mais dites-lui que je ne consentirai jamais à une réédition du maréchal Ney. »

« Je vis le maréchal, alors dans sa première prison à l'extrémité de l'avenue de Versailles.

« Je trouvai le maréchal fort calme, sûr de lui-même. Pendant deux heures de promenade dans le jardin, il discuta pied à pied les objections douloureuses que je lui présentai.

« Il resta sombre et silencieux sur la question des drapeaux.

« A l'issue de l'entretien, j'appris avec stupeur, et M. Thiers éprouva le même sentiment en le recueillant de ma bouche, qu'il venait de se choisir pour défenseur, sur le conseil de mon ami le colonel Magnan, l'illustre avocat M° Lachaud.

« — Quoi, m'écriai-je, le défenseur de Troppmann, pour un pareil débat! Vous êtes perdu, Monsieur le maréchal. Malgré l'immense talent et le caractère très élevé de votre avocat, vous n'avez pas de meilleur défenseur que vous-même, pour un maréchal de France! » Il sembla hésiter, puis ajouta : — « C'est trop tard, c'est fait. »

« Quant à l'opinion de M. Thiers, la voici telle que je l'ai connue en 1870.

« Au lendemain du 31 octobre, après l'échec de ses négociations d'armistice, M. Thiers, revenu de Paris, se promenait fiévreusement de long en large dans son salon, à l'hôtel où il était logé à Tours. Mme Thiers et Mlle Dosne étaient assises près de la cheminée. Nous déplorions le refus des conditions proposées à Versailles, lorsque soudain M. Thiers, qui ne pardonnait pas son échec aux émeutiers de Paris, se retourna impétueusement vers moi, et nous jeta ces mots qui vibrent encore dans mon oreille : —« C'était à prévoir... Savez-vous ce que m'a dit M. de Bismarck? «Que vou-« lez-vous que nous fassions de sérieux avec un gou-

« vernement, avec un peuple, qui sans preuves, sans
« enquête, traîne dans la boue le premier de ses
« hommes de guerre? Oui, Bazaine a pu sortir de Metz,
« pendant trois heures seulement. C'est le 26 août au
« matin, où il s'est mis en route. A cette heure-là nos
« lignes pouvaient être franchies. Nous avions dû dé-
« doubler et mettre à pied partie de notre cavalerie,
« pour figurer un rideau d'investissement complet.
« A ce moment, la pluie tombait torrentielle. Les
« colonnes françaises suivaient mal. Bazaine s'est
« arrêté. Mais à midi, il était trop tard. Nos réserves
« étaient arrivées et demeuraient désormais infran-
« chissables. »

« Puis M. Thiers ajoutait : — « Bazaine a manqué
là d'audace et d'énergie. Mais il n'a rien vendu du
tout! Quand un peuple est vaincu, il se dit toujours
trahi. »

« De son côté, le maréchal a toujours cru à l'acquittement; je l'ai fait supplier, le matin même du jour où
le jugement a été prononcé, de faire défaut à l'audience pour donner lieu à une nouvelle procédure :
l'avenir pouvait être plus clément. Il s'y refusa.

« *6° Ne croyez-vous pas que l'opinion ait été abusée, et
que, en tenant compte de la position exceptionnelle,
presque unique dans l'histoire, qu'a occupée le maréchal à
Metz, jamais il ait eu la pensée de vendre la France et
son armée?*

« Le maréchal a toujours été et est demeuré pauvre. A cette heure il végète dans la plus noire des misères. Le maréchal a fait de la politique, et la politique l'a tué, comme elle tuera tous les officiers qui y toucheront.

« Il a prétendu ne relever que de l'Empereur, dont il tenait ses pouvoirs, tandis qu'il ne relevait que de la France. Ce fut là son crime durement expié.

« On peut ajouter que si Paris, au lieu de résister héroïquement, se fût rendu avant la capitulation de l'armée de Metz, le maréchal Bazaine fût resté, à la tête de son armée, invaincue par le fer, l'arbitre des destinées de la France. La Providence, dans sa justice, ne l'a pas voulu.

« Veuillez agréer, je vous prie, Monsieur le comte, l'hommage de mes sentiments distingués.

« COMTE E. DE KÉRATRY. »

Le lecteur sait maintenant, grâce à la curieuse et si émouvante lettre de M. le comte de Kératry, ce qu'il faut penser de toutes les calomnies que l'on fit courir sur le maréchal Bazaine, à propos du Mexique.

Ce qu'il ne sait peut-être pas encore, c'est que toutes les attaques dirigées contre le maréchal prirent naissance aux Tuileries, dans le cabinet de l'impératrice Eugénie.

Bazaine était bon chrétien, bon catholique, mais ne voulait pas faire la guerre comme un général de l'Inquisition, ce qu'aurait désiré l'Impératrice.

Aussi ne pouvait-elle pardonner une résistance, qui était en désaccord avec les sentiments qui l'avaient déterminée à imposer la guerre du Mexique à son trop bon et trop faible époux.

Le lecteur peut également se rendre compte de la valeur des assertions, contre lesquelles protesta Jules Favre, de ceux qui accusaient Bazaine d'avoir conclu secrètement un traité d'alliance avec la gauche républicaine.

Il comprend pourquoi le maréchal *resta sombre et silencieux sur la question des drapeaux*, — ne voulant ni nommer ni accuser les chefs qui avaient désobéi à ses ordres.

Il comprend enfin pourquoi le maréchal ne voulut pas plaider lui-même sa cause, pourquoi il choisit un avocat civil.

Bazaine — M. de Bismarck l'a reconnu — n'a pu franchir les lignes d'investissement de Metz que pendant trois heures. Il a tenté l'effort, l'armée n'a pas suivi.

M. de Kératry a écrit : « Bazaine a prétendu ne relever que de l'Empereur, dont il tenait ses pouvoirs, tandis qu'il ne relevait que de la France. Ce fut là son crime durement expié. »

J'ai dit plus haut, à propos d'une phrase prononcée par M. le duc d'Aumale au Conseil de guerre, qu'il me semble difficile, si désireux qu'on puisse être de servir la France, d'y parvenir sans un gouvernement, ou avec un gouvernement que l'on ne croit pas que la

France veuille accepter. Je me permets donc sur ce point d'être en désaccord avec M. le comte de Kératry.

Je ne puis admettre que ce fût un crime de rester fidèle à des serments faits au souverain qui représentait légitimement la France, et de ne pas avoir deviné que, si les alliés nous ont imposé la Restauration en 1814, les Prussiens, en 1870, nous imposeraient la République.

M. de Bismarck n'a traité avec Jules Favre que parce qu'il n'avait pu le faire, d'une façon avantageuse, avec l'Empereur d'abord, puis avec la Régence. Faute de mieux, il s'est rabattu sur le vice-président du gouvernement de la Défense Nationale. Il fallait bien que quelqu'un se chargeât d'expédier les milliards en Allemagne, et de régulariser la cession du territoire que réclamaient nos vainqueurs.

De son côté, Jules Favre a ouvert largement les mains pour que le chancelier consentît à traiter avec la République française, et, par ce traité, sanctionnât les faits accomplis.

J'étais là, j'ai assisté aux négociations, et j'ai écrit dans un de mes précédents ouvrages [1] des pages, devenues historiques grâce à la visite officielle que me fit, sur l'ordre de M. de Bismarck, l'ambassadeur d'Allemagne, — pages dont le chancelier a reconnu lui-même l'absolue véracité [2].

1. *Journal d'un officier d'ordonnance.*
2. *Figaro* du 27 février 1885.

... Jules Favre allégua les soucis du gouvernement, les amertumes de la défaite, et le chancelier, revenant à l'objet de l'entretien, exprima l'idée que le ministre venait bien tard, et annonça qu'il était sur le point de traiter avec un envoyé de Napoléon III.

La scène se passait dans un petit salon, au premier étage de la maison, et M. de Bismarck désignait à son interlocuteur une porte derrière laquelle était censé attendre l'ambassadeur de l'Empereur.

Il expliqua que rien ne lui serait plus facile que de ramener ce souverain détrôné et de l'imposer à la France ; que Napoléon III trouverait bien, parmi les prisonniers français détenus en Allemagne, une armée de cent mille hommes tout à fait dévoués, qui lui suffirait pour se maintenir le jour où les Allemands se retireraient ; qu'au pis aller, il restait encore la ressource de convoquer quelque part l'ancien Corps législatif et de traiter avec lui.

Il s'animait en parlant, et dit à peu près ceci :

— Au fond, pourquoi est-ce que je traiterais avec vous ? Pourquoi est-ce que je donnerais à votre République une apparence de légalité, en signant une convention avec son représentant ? Au fond, vous n'êtes qu'une bande de révoltés ! Votre empereur, s'il revient, a le droit strict de vous faire fusiller tous comme traîtres et comme rebelles.

. . . .

Jules Favre venait de parler de l'amour de la France pour la liberté, de son goût pour la République, de ses sentiments républicains.

— Êtes-vous bien sûr, riposta le chancelier, que la France soit aussi républicaine que vous le dites ?

— Certainement, dit Jules Favre.

— Eh bien, je ne suis pas tout à fait de votre avis, monsieur le ministre. Avant de traiter avec vous, nous n'avons pas été, vous le pensez bien, sans étudier l'état moral de votre pays et sans nous en rendre un compte exact. Malgré cette guerre fâcheuse pour vous, imposée à Napoléon III par la nation française plutôt que désirée par lui, ainsi que je vous l'ai déjà dit, — et c'est même ce qui nous a permis, après avoir renversé l'Empire, de combattre encore la France, la France, notre vieille et véritable ennemie, — malgré les désastres et les défaites de votre armée, rien n'était plus facile, croyez-moi, que de rétablir l'Empire. Je ne vous soutiendrai pas qu'il eût été acclamé à Paris, mais il eût été certainement accepté ou subi par les campagnes. Un plébiscite aurait fait le reste. Non, si nous n'avons pas traité avec les Bonapartes, c'est que nous avons trouvé plus avantageux de traiter avec vous.

Si le représentant de la République n'avait pas été plus coulant sur les conditions du traité que ceux avec qui le chancelier avait voulu conclure en premier lieu ; s'il n'avait pas donné, je le répète, pleine et entière satisfaction aux vainqueurs, que serait-il advenu de ces messieurs de la Défense Nationale, que M. de Bismarck trouvait juste et légitime qu'on fusillât, si l'Empereur revenait ?

Bazaine aurait-il alors commis un crime en restant fidèle au souverain que la France s'était choisi par un plébiciste de 7 437 216 voix, — ou en se ralliant au gouvernement d'une douzaine d'individus, qui ne tenaient leur pouvoir que d'eux-mêmes ?

Si l'impératrice Eugénie avait eu le véritable sentiment du devoir que lui imposait la régence, elle

15.

aurait dû, non pas se sauver le 4 septembre avec son dentiste, — étrange compagnon et protecteur pour une impératrice des Français! — mais appeler Trochu aux Tuileries et le charger de la défendre.

En admettant que ce général lui fût antipathique, et qu'effrayée par l'explosion des sentiments populaires, l'instinct de sa faiblesse la poussât à mettre sa personne en sûreté, tout en s'efforçant de soustraire la France aux conséquences de l'effroyable aventure dans laquelle l'Empire l'avait jetée, — elle aurait dû, non pas franchir les mers, passer en pays étranger... elle aurait dû se rendre à Metz, auprès de Bazaine, et se mettre sous la protection de son armée. Il n'est pas douteux que les conditions qu'elle aurait pu alors obtenir de l'Allemagne eussent été autrement moins désastreuses que celles qui nous furent imposées dans la suite, les agents responsables de nos défaites s'en lavant les mains à l'étranger.

Malheureusement l'Impératrice n'était qu'une femme craintive; loin d'être fille d'une Marie-Thérèse, une Marie-Antoinette, sachant faire face au danger, elle pensa que si l'émigration était moins glorieuse que la résistance, elle offrait toutefois plus de sécurité.

Ce fut un grand malheur pour la France!

CHAPITRE XII

Soixante-dix ans d'affection fraternelle. — Appel à l'Histoire. — Encore la légende. — Armistice pour Paris et Metz. — Sauf-conduit périmé. — Une proclamation infâme. — Un émissaire de Bazaine. — Un faux officier d'ordonnance. — En collaboration. — La France est trompée. — Le rapport d'un coquin. — Hors la loi. — Ordre d'arrestation. — Le chevalier, vicomte de Valcourt. — Un sénateur opportuniste. — Le doigt de Dieu. — États de service.

Voici la lettre que M. Bazaine, ingénieur des Ponts et Chaussées, en retraite, et frère du maréchal, a eu l'obligeance de me faire parvenir, en réponse aux questions que j'avais eu l'honneur de lui adresser :

Paris, 15 décembre 1887.

Monsieur le Comte,

Vous pensez avec Massillon que « la vérité est la seule chose ici-bas qui soit digne des soins et des recherches de l'homme ». C'est un sentiment qui vous distingue en ces tristes temps et vous recommande à ma sympathie.

Vous m'avez fait l'honneur de m'adresser diverses questions au sujet du maréchal Bazaine, mon frère.

Il me serait facile de vous répondre : voilà plus de soixante-dix ans que je suis le témoin conscient de sa vie.

Je l'encourageais quand il se fit soldat en 1831. J'ai suivi tous ses pas dans sa belle carrière militaire, où, au bout de trente-trois ans de services éclatants, il atteignait le grade de maréchal de France.

Depuis plus de soixante-dix ans, nos âmes ne se sont jamais quittées.

En juillet 1870, je lui faisais la conduite à la gare de Strasbourg, dès qu'il eut reçu du ministère de la Guerre l'ordre d'aller provisoirement à Metz prendre le commandement de l'armée.

Quelles angoisses n'ai-je pas eu à subir depuis le mois d'août 1870 ! Mes fils partageaient les périls de leur oncle. Un de mes neveux, ayant équipé à ses frais une compagnie de francs-tireurs à Neuilly, se faisait tuer héroïquement dans les Vosges. Un autre était gravement blessé à Sedan. Mon patriotisme était connu, mais il devait être mis aux plus rudes épreuves.

Sans que je prolonge ces détails, vous comprenez ce que j'ai dû ressentir en 1870 et dans les années qui suivirent, et comment tout ce que j'ai vu, connu, entendu à cette époque et depuis, m'a préparé à répondre à toutes les questions qui me seraient faites sur le maréchal mon frère : seulement c'est un livre et non une simple lettre qu'il faudrait écrire. Ce livre se fera, car les révolutions et les spéculations politiques qu'elles font naître ont une fin, tandis que la vérité est éternelle.

Le maréchal a fait appel à l'Histoire du jugement du Conseil de guerre de Trianon. Il n'en pouvait faire d'autre dans les circonstances exceptionnelles où ce jugement a été rendu, précédé surtout, comme il l'a été, de trois années de guerre, — une guerre de sauvages, où, sans respect aucun pour sa qualité de prévenu, et quand de lui-même il était allé au-devant de la justice, une presse hostile de parti pris n'a pas cessé un seul jour d'exciter contre lui l'opinion publique égarée par les injures et les calomnies.

Mais ce jugement, qu'on ne peut séparer du recours en grâce dont les juges eux-mêmes l'ont accompagné, ce jugement du moins a vengé l'honneur du maréchal, et il aurait dû réduire au silence les calomniateurs qui l'ont accusé de trahison.

Cependant, que lit-on dans les journaux, dans les étranges compositions hybrides d'écrivains dits militaires?

Qu'entend-on jusque dans la Chambre des députés, où le respect du peuple, même dans sa crédulité, devrait imposer quelque retenue? « Bazaine a trahi... Bazaine a vendu Metz... »

Ceux qui disent ou écrivent ces choses faussent, avec la plus franche malhonnêteté, l'esprit et la lettre du procès de Trianon, s'ils l'ont jamais lu dans son entier; mais qu'importe, semble-t-il! Pourtant, indépendamment des juges encore vivants de ce procès, on compte par centaines ceux qui pourraient ramener l'opinion égarée par ces mensonges; mais bien peu l'osent. Il semble que ces mensonges sont une condition de vie pour la troisième République.

On en a fait une légende. Elle est stupide et infâme, et bien que le peuple aime les légendes, celle-ci serait restée dans la boue si trois délégués du gouvernement de la Défense Nationale à Tours, MM. Crémieux, Glais-Bizoin et Gambetta, — ou plutôt M. Gambetta seul, dominant ses collègues, deux vieillards, — n'avait pas cru avoir besoin pour sa politique de l'y ramasser pour la souffler sur tous les horizons de la France.

C'est là, Monsieur, un des épisodes les plus douloureux de mon voyage à Tours en 1870. J'en ai fait en partie le récit dans une déposition que, quoique frère du maréchal, je fus autorisé à faire devant le Conseil de guerre de Trianon. Mais je puis aujourd'hui le reprendre et le compléter.

C'est un point d'histoire qui a été plutôt effleuré qu'approfondi. Je ne redoute pas les démentis. Les rectifications qu'on pourrait trouver à faire à mon récit seraient insignifiantes.

A mon arrivée à Tours, en octobre 1870, je trouvai la maréchale, ma belle-sœur, résolue à se rendre à Versailles afin d'y supplier le roi de Prusse de lui permettre d'aller à Metz auprès de son mari. Je m'associai naturellement et de grand cœur à ce dessein, et je devais accompagner la maréchale aussi loin qu'on me le permettrait. C'était à l'instigation de

M. Thiers que la maréchale avait pris cette résolution.

M. Thiers n'ignorait pas la situation très critique de l'armée de Metz, et prévoyait une catastrophe prochaine. « Si le maréchal pouvait tenir encore huit jours, » me disait-il le 21 octobre, il se flattait d'obtenir pour Paris et Metz un armistice qui pouvait être le préliminaire de la paix.

Je fus mis en rapport avec M. de Chaudordy, qui me recommanda la plus grande discrétion et me prévint toutefois que M. Gambetta était dans la confidence.

Dès le 25, M. le baron de Thann, général de l'infanterie prussienne, écrivit d'Orléans au ministre de la guerre à Tours, que la maréchale et moi nous devions être reçus à Versailles, et qu'un de ses officiers attendrait la maréchale aux avant-postes le 26 au matin.

M. Gambetta, en transmettant ce sauf-conduit le 26 à madame la maréchale Bazaine, l'accompagnait d'un extrait d'une lettre du général Pourcet par l'intermédiaire de qui le sauf-conduit lui était arrivé. Il faisait remarquer que le sauf-conduit était périmé, « et ce-
« pendant, écrivait-il, je le reçois à l'instant. Je dois
« croire qu'il y a quelque erreur dans les dates, mais
« j'ai considéré comme de mon devoir d'appeler votre
« attention sur cette circonstance... »

Le général de Thann récrivit le 27 au ministre de la Guerre à Tours que Madame la maréchale n'étant pas arrivée jusqu'à présent, il fallait croire que sa lettre du 25 ne lui était point parvenue. « Je vous fais savoir,

« Monsieur le ministre, ajoutait-il, que dès demain le
« 28, à midi, un de mes officiers attendra Madame la
« maréchale... »

Cette lettre du 27 était le jour même entre les mains de la maréchale, qui me fit demander immédiatement au ministre de la Guerre les moyens de partir. Dès le même jour encore, je reçus du cabinet du ministre la réponse ci-après :

MINISTÈRE
DE LA GUERRE

CABINET
DU MINISTRE

Tours, le 27 octobre 1870.

Monsieur l'Ingénieur en chef,

M. Gambetta, à qui j'ai soumis la demande de Mme la Maréchale, a pensé, comme je l'avais pensé moi-même, qu'il n'était guère praticable de demander un train spécial à la Compagnie d'Orléans, demain, au milieu du mouvement de matériel que nous lui occasionnons. Il prie donc Mme la Maréchale de vouloir bien attendre à après-demain (samedi), convaincu qu'il lui évite ainsi des désagréments de route.

Agréez, Monsieur l'Ingénieur en chef, l'expression de mes sentiments dévoués.

C. DE FREYCINET.

C'était remettre notre départ au 29, et l'on sait aujourd'hui que le 29 la capitulation de Metz était un fait accompli !

Les événements qui se pressaient d'heure en heure nous avertissaient que nous arriverions trop tard.

Quelques jours encore, et la maréchale et moi nous devions partir à la hâte, mais c'était pour mettre nos familles à l'abri des colères soulevées contre notre nom par la plus injuste, la plus violente, la plus inattendue des proclamations, — celle de la délégation du gouvernement de la Défense Nationale à Tours, à la date du 30 octobre.

Disons de suite, pour être juste, que l'honorable amiral Fourichon a refusé de prendre un rôle dans la pièce insensée qui fut jouée ce jour-là par ses collègues. Disons encore que M. Glais-Bizoin, dans ses Mémoires intitulés *Dictature de cinq mois*, a eu l'honnêteté d'oublier qu'il avait eu la faiblesse d'y mettre son nom, et laissons à MM. Crémieux et Gambetta, surtout à ce dernier, la responsabilité de cette... comment dire? M⁰ Lachaud, retenu par son amitié pour M. Gambetta, hésitait à se prononcer à l'audience du 8 décembre 1873 au Conseil de guerre de Trianon; mais le général commissaire du gouvernement avait appelé cela « *des soupçons* ».

« Eh bien! moi qui ne suis pas général, s'écriait M⁰ Lachaud, je dis que ce sont des infamies, et j'aurais été heureux de n'être pas le premier à le dire. »

J'étais venu à Tours offrir mon concours à M. Gambetta.

Les premiers mots qu'il m'adressa en me tendant la main furent : « Nous vous avons cherché à Paris, nous voulions vous avoir au Conseil municipal. » Son accueil particulièrement sympathique, et son patriotisme que je crois, malgré ses égarements, avoir été sincère, l'auraient protégé dans ma mémoire, s'il ne m'eût accablé d'autant d'affliction.

Le premier émissaire qui apporta au délégué du ministre de la Guerre une dépêche chiffrée du maréchal, vint voir la maréchale, et nous dit qu'il avait informé M. Gambetta qu'il n'y avait plus à Metz pour l'armée de vivres que pour peu de jours.

J'allai trouver M. Gambetta, qui me confirma l'arrivée de l'émissaire et sa dépêche, qu'il me montra et qu'il ne pouvait pas lire. Mais il avait reconnu un nom, une signature à côté de la date du départ de Metz de l'émissaire : c'était le nom d'un de ses intimes amis, le capitaine d'état-major Iung. M. Gambetta me dit que l'émissaire était un simple interprète, un subalterne qui ne lui paraissait pas suffisamment renseigné. « *J'attends mieux et je vous en ferai part.* »

En disant qu'il attendait mieux, M. Gambetta faisait allusion au second émissaire, un nommé de Valcourt, qui s'était annoncé comme porteur de renseignements particuliers.

M. Gambetta ne me parla point de cet homme ni de ses renseignements, et je m'en suis plus tard expliqué les motifs.

M. de Valcourt n'était pas autre chose qu'un simple interprète comme le premier émissaire ; il était inconnu du maréchal. Il ne faisait point partie de l'armée, mais, tout jeune qu'il fût, c'était déjà un maître imposteur.

Il avait pris sans droit le titre d'officier d'ordonnance du maréchal, il se disait son messager à titre particulier. M. Gambetta le crut ou voulut le croire, et en 1873, quand il fit sa déposition devant le Conseil de guerre de Trianon, il voulut paraître le croire encore.

Pouvait-il ignorer pourtant que le ministère public n'avait pas voulu admettre à Trianon M. de Valcourt, le considérant comme de ces hommes qu'il vaut mieux laisser hors de l'audience? C'est cependant cet homme qui, le 28 octobre 1870, signe un Rapport à la Délégation inséré comme document officiel, mais tardivement et le 4 novembre seulement, — rapport qui, on ne peut s'y tromper, a été composé sous les yeux de M. Gambetta ou retouché par lui.

Le jour même où ce rapport est adressé au gouvernement, rapport qui conclut que « le maréchal Bazaine a livré sciemment aux Prussiens la ville et la forteresse de Metz ainsi que l'armée française, campée dans l'enceinte retranchée, le tout dans le seul but d'être et rester maître de la situation politique en France », — ce même jour du 28 octobre, qui fut aussi le jour de la capitulation de Metz, M. Gambetta envoyait aux préfets et sous-préfets la dépêche qui suit :

Tours, 28 octobre, soir.

Il m'arrive de plusieurs côtés des nouvelles graves, mais sur l'origine et la véracité desquelles, malgré nos actives recherches, je n'ai aucune espèce de renseignements officiels.

Le bruit de la capitulation de Metz circule. Il est bon que vous ayez la pensée du gouvernement sur l'annonce d'un pareil désastre.

Un tel événement ne pourrait être que le résultat d'un crime dont les auteurs devraient être mis hors la loi.

Je vous tiendrai au courant.

M. Gambetta n'avait jamais tenu le pays au courant de la situation réelle de l'armée de Metz. Il savait, dès le 15 octobre, par le général Bourbaki, que Metz, manquant de vivres, ne pourrait pas tenir plus de dix à quinze jours, mais il n'en avait rien dit au pays. Il savait que l'armée de Metz, ne pouvant être secourue, pouvait être encore sauvée par un armistice, sinon qu'elle serait forcée, par la famine, de capituler du 25 au 30 octobre, et il n'en avait rien dit au pays.

L'Impératrice elle-même avait fait parvenir à la délégation de Tours des nouvelles alarmantes. Dans une lettre écrite à la maréchale Bazaine, à la date du 7 novembre, elle dit textuellement :

« La délégation de Tours savait parfaitement à quoi s'en tenir sur l'état des vivres à Metz. J'ai envoyé Bourbaki, qui ne leur a rien caché. Plus tard même le général Boyer a été envoyé à M. Tissot pour qu'il pût faire savoir la hâte qu'il y avait de presser l'armistice si on voulait sauver l'armée.

« Enfin, j'ai moi-même fait avertir par télégraphe, sans le faire directement, de l'urgence; mais on n'a rien fait pour les sauver, et on crie à la trahison parce que c'était la seule manière de se mettre à l'abri de l'accusation du public. »

Loin de publier la vérité sur l'armée de Metz, la délégation de Tours ne publiait que des nouvelles erronées, toujours favorables, toujours annonçant des faits glorieux, croyant ainsi sans doute soutenir l'opinion dans la lutte, mais ne la préparant pas à apprendre la douloureuse et inévitable catastrophe.

Dans les derniers jours d'octobre, quand le premier émissaire venu de Metz apporta à Tours la dépêche du maréchal, en informant M. Gambetta que l'armée n'avait plus que six jours de vivres, on se garda bien d'avouer qu'on ne pouvait lire cette dépêche, faute d'avoir emporté de Paris la clé de la correspondance avec les armées de Bazaine et de Mac-Mahon; mais voici la note que la Délégation faisait télégraphier dans toute la France par l'*Agence Havas*, son organe :

Les avis de Metz apportés à Tours par l'envoyé de Bazaine sont excellents, et confirment de la façon la plus péremptoire les informations reçues naguère par une autre voie.

L'armée de Bazaine, abondamment pourvue de tout, est animée d'une invincible confiance, et chacune de ses sorties est une victoire infligeant à l'ennemi des pertes considérables.

Je reprends mon récit.

Le rapport signé le 28 octobre par l'émissaire de Valcourt, le prétendu officier de l'état-major général, fut lu le 29, je crois, par M. Gambetta à ses collègues.

M. de Valcourt, avec beaucoup plus de vanité que de compétence, mais surtout avec la plus effrontée malveillance, venait de Metz en avant-coureur des récits et appréciations dont quelques mois plus tard M. d'Andlau devait faire un livre tristement célèbre. Je ne ferai que deux remarques à propos de ce rapport, parce qu'elles n'ont jamais été faites, et qu'elles mettent en évidence la collaboration de M. Gambetta.

Ce rapport, qui avait la prétention de tout savoir et de tout dire sur l'armée de Metz et son commandant en chef, depuis le 10 août jusqu'au 22 octobre, ne dit mot de l'incident Régnier et du départ du général Bourbaki.

Ce silence n'a pu être voulu que par M. Gambetta, qui avait accepté les services du général et l'avait envoyé commander à Lille.

Jugez du rapport tout entier par l'extrait qui suit :

Le 21, le maréchal Bazaine tentait, *pour la première fois*, de correspondre avec le gouvernement de la Défense Nationale dont il n'avait jusqu'alors jamais reconnu l'existence.

La dépêche chiffrée qui est parvenue au ministère de la Guerre par les mains de deux officiers de l'état-major général, était conçue dans un chiffre inconnu aux divers départements de l'administration publique.

Par un hasard étrange, sinon par une combinaison machiavélique du maréchal, le chiffre qui avait été employé fut reconnu pour être le chiffre dit impérial, dont la clef ne se trouve qu'entre les mains de l'Empereur ou celles de ses anciens ministres...

En entendant ce passage du rapport, M. Crémieux particulièrement a dû ressentir quelque embarras. Je le vois encore se demandant comment on déchiffrera la dépêche du maréchal.

Il se fait conduire chez la maréchale, espérant qu'elle avait la clef qu'il avait oublié de prendre en partant de Paris.

La maréchale, qui ne peut le satisfaire, s'imagine que je trouverai un moyen de le faire. Elle monte dans le coupé de M. Crémieux, et les voilà tous deux à ma recherche. Ils me rencontrent en ville, font arrêter la voiture, et ils m'expliquent l'embarras de la Délégation.

Si M. le général de Noue, ancien chef d'état-major général au Mexique, se fût trouvé à notre portée, il aurait pu reconnaître peut-être que le chiffre était le même que dans l'expédition du Mexique; mais le général était à Paris.

On ne put donc à Tours déchiffrer la dépêche du maréchal, pour avoir oublié la clef du chiffre. Cette dépêche fut portée à Paris par M. Thiers, je crois, et au ministère de la Guerre on la traduisit immédiatement.

Elle ne revenait à Tours que le 17 décembre suivant, à cause des difficultés de communication.

Quant à prétendre, comme le fait le rapport, que le maréchal tentait le 21 octobre, *pour la première fois*, de se mettre en rapport avec le gouvernement de la Défense Nationale, ce dire qui fut encore celui de

M. Gambetta dans l'instruction, est absolument contredit par l'instruction même, et M. Gambetta mieux renseigné n'aurait pas voulu sans doute méconnaître l'énergie et le dévouement de deux braves cuirassiers dont il faut citer les noms avec respect, Marc et Henry, qui, partis le 15 septembre avec une dépêche du maréchal pour le ministre de la Guerre, tombent deux fois aux mains de l'ennemi, sont deux fois condamnés à mort, et deux fois parviennent à s'échapper.

Ils arrivent le 13 octobre à Montmédy, d'où leur message parvient le 14 à Lille. Pourquoi cette dépêche n'est-elle pas arrivée à Tours? Je l'ignore.

Je pourrais poursuivre le redressement des erreurs et des mensonges du rapport; mais je suis obligé de me borner, et je reviens à la séance du 29 octobre, où M. Gambetta donna connaissance à ses trois collègues du rapport fait sur sa commande par le sieur de Valcourt.

A la lecture de cette pièce, l'honorable amiral Fourichon ne put se contenir.

— Mais, s'écrie-t-il, c'est le rapport d'un coquin que vous nous lisez là !

M. Gambetta, conservant son sang-froid, fait signe à l'amiral que Valcourt est dans l'ombre. (Je tiens ces détails de l'amiral Fourichon lui-même.) Il propose ensuite à ses collègues une proclamation dans le sens indiqué dans sa dépêche du 28 octobre au soir aux préfets et sous-préfets, et débutant sans préambule comme il suit :

« Hors la loi le commandant en chef de l'armée du Rhin ;

« Hors la loi les maréchaux et les généraux commandant les corps d'armée ;

« Hors la loi les généraux commandant les troupes ;

« Hors la loi les généraux commandants d'armes spéciales, etc., etc.. »

Cela ne rappelle-t-il pas Danton proclamant « hors la loi tous les aristocrates » ?

Le projet de proclamation de M. Gambetta n'étant pas accepté par MM. Crémieux et Glais-Bizoin, l'amiral Fourichon étant décidé à rester à l'écart, ils en rédigèrent une autre où, dans un accès de folie furieuse, ils n'immolaient plus que le maréchal Bazaine à leurs machiavéliques intentions. Comment douter de ces intentions, quand on constate qu'ils annoncent la capitulation de Metz sans spécifier, quoiqu'ils en fussent intimement persuadés, que *l'armée et la place de Metz avaient tenu jusqu'à leur dernier morceau de pain?*

Je protestai immédiatement par écrit.

J'allai voir M. Gambetta.

— Comment avez-vous pu signer cette proclamation? lui dis-je.

— J'étais si désespéré, me répondit-il, que si j'avais eu un pistolet à côté de moi, je me serais brûlé la cervelle.

— Mais cette armée était une armée isolée et qu'on n'a pas secourue, ajoutai-je.

— Je ne l'ai pas pu, — fut toute la réponse de M. Gambetta.

— Mais que vouliez-vous, qu'attendiez-vous de cette armée qui mourait de faim ?

— J'aurais voulu qu'elle ne quittât le sol de la patrie que jonché de cadavres !

M. Gambetta oubliait que ce sol n'était qu'un vaste charnier.

On savait quelques mois plus tard que l'armée du Rhin avait eu 42 462 tués ou blessés, dont 26 généraux et plus de 2 000 officiers ! Oh ! quel parti un autre patriote que M. Gambetta aurait pu tirer de cette douloureuse capitulation de Metz, des grandes batailles livrées par cette armée du Rhin, vaincue par la famine, mais ayant contraint l'ennemi à immobiliser autour d'elle de grandes armées pendant plus de deux mois, temps suffisant pour permettre à la France de se lever en armes !

La proclamation du 30 octobre était suivie immédiatement de la dépêche suivante, adressée aux préfets et procureurs généraux :

Tours, 30 octobre 1870.

Redoublez de vigilance. Partout où vous rencontrerez Bazaine ou un officier de son état-major, faites-le arrêter et diriger immédiatement sur Tours sous bonne escorte.

LÉON GAMBETTA.

C'était aussi ridicule qu'impuissant, puisque le maréchal et son état-major étaient prisonniers en Allemagne, — mais cela accompagnait bien l'accusation de trahison et devait agiter l'opinion publique.

A défaut des hommes, on voulut arrêter les femmes. La maréchale n'eut que le temps de s'enfuir du couvent des Dames Blanches, où elle habitait, et alla se réfugier à l'ambassade d'Italie.

M. Gambetta avait-il fini, comme on l'a dit, par signer l'ordre d'arrestation de la maréchale? Je ne puis encore le croire. La maréchale était enceinte de huit mois. Elle était venue, dès le premier jour, se mettre sous la protection de la Délégation de Tours.

Elle fut autorisée à quitter Tours avec sa mère et ses deux petits enfants, et M. l'amiral Fourichon la fit accompagner par un officier de marine, M. Arago.

Ma belle-fille, Mme Adolphe Bazaine, sa mère et ses deux petits enfants furent arrêtés. Mon fils était officier d'ordonnance du maréchal, un vrai, et non un Valcourt.

Ma belle-fille et sa mère furent conduites, par un inspecteur zélé de la compagnie des chemins de fer de l'Ouest, devant M. Gambetta. J'étais présent. M. Gambetta leur témoigna beaucoup d'égards et leur donna un laissez-passer. Il en délivra un autre pour moi le lendemain 31, en me recommandant avec une instance particulière à toutes les autorités civiles et militaires.

J'en profitai sans délai pour aller embrasser mes chers prisonniers en Allemagne.

Sans perdre un moment, M. Gambetta récompensait Valcourt. Pour le dédommager sans doute d'avoir été démasqué par l'honorable amiral Fourichon, il se l'attachait dès le 30 comme secrétaire particulier. Le 31, il le nommait chevalier de la Légion d'honneur.

En 1871, je trouvai ce chevalier à Londres, faisant des conférences publiques sur M. Gambetta : il se faisait nommer le vicomte de Valcourt.

Quels malheurs s'attira-t-il? J'ai déjà dit qu'en 1873 le ministère public n'osa pas le produire comme témoin au procès de Trianon. Figure-t-il encore dans la Légion d'honneur où l'introduisit M. Gambetta? Après avoir tenté différents métiers en Amérique, il vint en Belgique échouer sur les bancs de la police correctionnelle, où il fut condamné par défaut, pour escroqueries et faux reconnus, à dix années d'emprisonnement.

Je m'arrête. J'ai voulu vous dire avec quel grand éclat s'est propagée la légende de trahison du maréchal Bazaine mon frère. Cette légende est une honte pour la France, et sera aussi, je le crains, un grand malheur pour elle; mais elle est légende, et elle devait porter ses détestables fruits. Si j'avançais plus loin dans mes récits, je retrouverais avec elle encore M. Gambetta, non plus avec le même auxiliaire Valcourt, mais avec un autre, M. le général comte d'Andlau, qui fut aussi récompensé plus ou moins directement par M. Gambetta et autres, et leur dut d'être sénateur.

C'est une autre histoire non moins lamentable.

MM. Gambetta et d'Andlau, dans la pression occulte qu'ils ont exercée sur la direction des poursuites contre le maréchal, ne purent parvenir à lui faire appliquer l'article 77 du Code pénal qui s'occupe du crime de trahison. Le jugement rendu fournissait à M. Gambetta une belle occasion de reconnaître publiquement son erreur.

Il n'eût pas ainsi réparé le mal qu'il a fait, il n'eût peut-être pas réussi à déraciner la légende; mais il eût échappé à l'accusation d'avoir, — inconsciemment, je veux le croire, — mis le poignard aux mains d'un Hillairaud.

Ce n'est pas impunément que dans notre temps, où la politique s'attaque à tous les cerveaux les plus malades comme les plus sains, l'on peut dire, comme M. Gambetta a eu le malheur de le crier à toute la France : *Le crime de Bazaine est au-dessus même des châtiments de la justice.*

Ne trouvez-vous pas, Monsieur, que la justice de Dieu a commencé son œuvre [1] ?

---

[1]. Le capitaine Rossel a été fusillé comme général de la Commune. M. Boyenval s'est suicidé. M. de Valcourt a été condamné à dix ans de prison. Le colonel d'Andlau a été condamné à cinq ans de prison. M. Gambetta est mort, on sait comment! ou plutôt on ne sait pas encore; car la vérité n'a pas été dite, jusqu'à ce jour, sur cet événement. Enfin, M. le duc d'Aumale a été exilé.

Puisse-t-elle ne pas trop peser sur notre pays, qui a pour excuse d'avoir été égaré par ceux-là mêmes qu'il avait chargés de le conduire.

Agréez, Monsieur le comte, l'assurance de mes sentiments les plus distingués.

BAZAINE,
Ingénieur en chef des Ponts
et Chaussées, en retraite.

Nous venons de juger la dernière et la plus triste partie de la carrière militaire du maréchal Bazaine. Je crois ne pouvoir mieux faire, afin de donner un aperçu général, aussi succinct que possible, de toute sa vie de soldat depuis ses débuts, que de reproduire ici ses états de service.

Je transcris ceux qui sont enregistrés à la page 3 du seul compte rendu sténographique, *in extenso*, des séances du premier Conseil de guerre de la première division militaire, séante à Versailles (Trianon) sous la présidence de M. le général de division duc d'Aumale, et contenant les documents officiels et les témoignages authentiques.

MINISTÈRE DE LA GUERRE
1re DIRECTION

BUREAU
DES ÉTATS-MAJORS
ET DES
ÉCOLES MILITAIRES

ÉTAT DES SERVICES

DE M. BAZAINE (FRANÇOIS-ACHILLE).

Né le 13 février 1811 a Versailles, département de Seine-et-Oise, — fils de Dominique et de Marie-Madeleine Vasseur, — marié le 12 juin 1852 a demoiselle Maria de la Soledad Indria Gregoria Tormo (autorisation ministérielle du 15 mai 1852), veuf le 18 octobre 1863, — marié le 26 juin 1865 a la demoiselle Josepha de Pena y Barragan (autorisation ministérielle du 15 mai 1865).

DÉSIGNATION

DES DIFFÉRENTS CORPS OU IL A SERVI

ET POSITIONS DIVERSES

37e régiment d'infanterie de ligne :
Soldat. . . . . 28 mars 1831.
Caporal. . . . . 8 juillet 1831.
Caporal-fourrier. . . . . 13 janvier 1832.
Sergent-fourrier. . . . . 16 juillet 1832.

Légion étrangère : sergent-fourrier. . . . . 16 août 1832.
Sergent-major. . . . . 4 novembre 1832.
Sous-lieutenant. . . . . 2 novembre 1833.
Lieutenant. . . . . 22 juillet 1835.
En mission en Espagne. . . . . 27 juillet 1835.
En non-activité par suppression d'emploi. . . . . 5 décembre 1837.
4ᵉ régiment d'infanterie légère. . 12 décembre 1837.
Légion étrangère : capitaine. . 20 octobre 1839.
8ᵉ bataillon de chasseurs à pied : capitaine. . . . . 20 novembre 1840.
58ᵉ régiment d'infanterie de ligne: chef de bataillon. . . . . . . 10 mars 1844.
5ᵉ régiment d'infanterie de ligne : chef de bataillon. . . . . . . 12 octobre 1847.
19ᵉ régiment d'infanterie légère : lieutenant-colonel. . . . . . 11 avril 1848.
5ᵉ régiment d'infanterie de ligne : lieutenant-colonel. . . . . . 30 août 1848.
55ᵉ régiment d'infanterie de ligne : colonel. . . . . 4 juin 1850.
1ᵉʳ régiment de la légion étrangère : colonel. . . . . 4 février 1851.
Commandant les deux régiments de la légion étrangère à l'armée d'Orient. Désigné pour faire partie avec sa brigade de la 6ᵉ di-

vision d'infanterie de l'armée
d'Orient. Général de brigade.   9 février 1855[1].
Commandant militaire de Sé-
bastopol.................   10 septembre 1855.
Général de division........   22 septembre 1855.
Commandant provisoirement la
2ᵉ division d'infanterie du
1ᵉʳ corps de l'armée d'Orient...   9 janvier 1856.
Inspecteur général pour 1856 du
18ᵉ arrondissement d'infanterie.   28 juin 1856.
Inspecteur général pour 1857 du
23ᵉ arrondissement d'infante-
terie..................   30 mai 1857.
Commandant la 19ᵉ division mi-
litaire à Bourges..........   13 novembre 1857.
Commandant la 3ᵉ division du
1ᵉʳ corps de l'armée d'Italie..   24 avril 1859.
Division rentrée en France et de-
venue 2ᵉ division d'infanterie
du 1ᵉʳ corps à Paris........   Juin 1860.
Inspecteur général pour 1860 du
4ᵉ arrondissement d'infanterie.   12 mai 1868[2].
Inspecteur général pour 1861 du
5ᵉ arrondissement d'infanterie.   11 mai 1861.
Inspecteur général pour 1862 du
5ᵉ arrondissement d'infanterie.   28 mai 1862.

1. Faux.
2. *Id.*

Commandant la 1re division d'infanterie du corps expéditionnaire du Mexique	1er juillet 1862.
Commandant en chef le corps expéditionnaire du Mexique	16 juillet 1863.
A pris ce commandement le	1er octobre 1863.
Maréchal de France	5 septembre 1864.
Rentré en France	3 mai 1867.
Commandant le 3e corps d'armée à Nancy	12 novembre 1867.
A commandé en chef le 1er camp de Châlons en 1869, du 1er mai au 30 juin; décision impériale du	23 mars 1869.
Commandant en chef la garde impériale.	15 octobre 1869.
Commandant le 3e corps de l'armée du Rhin	16 juillet 1870.
Commandant en chef les 2e, 3e et 4e corps de l'armée du Rhin	9 août 1870.
Commandant en chef l'armée du Rhin	12 août 1870.
Prisonnier de guerre	28 octobre 1870.
Rentré en France	Avril 1871.

DÉTAIL DES CAMPAGNES

Afrique.

1833, 1834, 1835, 1840, 1841, 1842, 1843, 1844, 1845, 1846, 1847, 1848, 1849, 1850.

Rentré en France le 6 juillet 1850.

Afrique, du 4 février 1851 au 11 juin 1854.

1851, 1852, 1853, 1854.

Orient, du 11 juin 1854 au 24 juin 1857.

1854, 1855, 1856.

Afrique, du 29 août au 22 octobre.

1857.

Italie.

1859, 1860.

Mexique, du 23 août 1862 au 3 mai 1867.

1862, 1863, 1864, 1865, 1866, 1867.

Armée du Rhin.

1870.

BLESSURES ET ACTIONS D'ÉCLAT.

A reçu un coup de feu au poignet droit, à l'affaire d'Abd-el-Sueb, le 26 juin 1835 (Afrique). Contusion à la tête, au combat de Melegnano (Marignan) (Italie), le 8 juin 1859.

CITATIONS ET OBSERVATIONS

DÉCORATIONS.

Chevalier de l'Ordre de la Légion d'honneur . . . . 22 septembre 1835.
Officier de l'Ordre de la Légion d'honneur . . . . 9 novembre 1845.
Commandeur de l'Ordre de la Légion d'honneur . . . . . . 16 août 1856.
Grand officier de l'Ordre de la Légion d'honneur . . . . 20 juin 1859.
Grand-croix de l'Ordre de la Légion d'honneur . . . . 2 juillet 1863.
A reçu la médaille militaire. . . 28 avril 1865.
A reçu la médaille d'Italie . . . en 1859.
A reçu la médaille du Mexique .
Autorisé à accepter et à porter :
1° La décoration de l'Ordre royal de Charles III d'Espagne . . . 27 février 1838.

2° La décoration de chevalier de 1re classe de l'Ordre royal et militaire de Saint-Ferdinand d'Espagne . . . . 4 janvier 1841.

3° La décoration de chevalier de l'Ordre royal d'Isabelle-la-Catholique . . . . 4 janvier 1841.

4° A reçu la médaille de la reine d'Angleterre (Crimée) . . . . en 1855.

5° La décoration de chevalier compagnon de l'Ordre du Bain (Angleterre). . . . . 26 avril 1856.

6° A reçu la médaille de la valeur militaire de Sardaigne, autorisation du . . . . 10 juin 1857.

Certifié conforme aux registres déposés au bureau et aux pièces du dossier.

Paris, le 11 mai 1872.

Vérifié :
Le sous-chef,
Signé : F. POLLET.

Signé : DUBUS.

Vu : *Le chef de bureau,*
Signé : E. LAMY.

Le chef du 1er service,
Signé : DE BOUCHEMAN.

Les états de service que l'on vient de lire, et qui,

17

comme je l'ai dit plus haut, sont enregistrés à la page 3 du compte rendu authentique du procès de Trianon, sont pleins d'erreurs.

Indépendamment des fausses dates que j'ai signalées, de nombreuses mutations n'ont pas été portées.

Ce qui est tout à fait étrange, c'est qu'il n'y est pas dit un mot de la glorieuse expédition de Kinbourn, dont le commandement fut confié au général Bazaine, et qui offrit cette particularité, qu'un général français avait sous ses ordres non seulement un général anglais, mais encore un fort contingent de l'armée anglaise. Il n'y a également pas trace des deux blessures reçues par le capitaine Bazaine, lorsqu'il faisait partie de la division auxiliaire française en Espagne.

La blessure reçue à Borny en 1870 par le maréchal n'y figure pas non plus. Des décorations sont omises, entre autres les grands cordons de la Guadeloupe et de l'Aigle du Mexique. Mais ce qui est plus grave, ce qui est presque inexplicable, c'est que, dans des états de service qui avaient une grande importance, puisque, dans la lettre adressée par M. le duc d'Aumale et les juges au ministre de la Guerre, afin de le prier de s'unir à eux pour solliciter la clémence du Président de la République, il est dit :

« Considérez l'état des services de l'engagé volontaire de 1831 ; comptez les campagnes, les blessures, les actions d'éclat qui lui ont valu le bâton de maréchal, etc. »

Eh bien ! dans ces états de service, on a omis de faire figurer les citations à l'ordre de l'armée qui sont, pour un soldat, ses véritables titres de noblesse. Les voici :

Cité à l'ordre de la division auxiliaire française pour s'être défendu pendant six jours, du 16 au 22 septembre 1835, dans le village de Pons (Catalogne), contre un ennemi bien supérieur en nombre;

Cité en outre à l'ordre de la division auxiliaire française pour les affaires d'Aronitz Villatuerta et Allo (Navarre);

Cité dans le journal du blocus de la place de Miliana (12 juin-8 novembre 1840), comme ayant rendu les plus grands services;

Cité dans le rapport du gouverneur général de l'Algérie, comme ayant pris une part toute spéciale aux événements qui ont amené la reddition d'Abd-el-Kader (janvier 1848);

Cité à l'ordre général de l'armée d'Orient, n° 206, en date du 5 mai 1855, pour sa conduite au combat de nuit du 1er au 2 mai;

Cité à l'ordre général du corps expéditionnaire du Mexique, n° 119, en date du 31 mars 1863, comme ayant conduit le 29 les troupes à l'assaut de Puebla, avec autant d'intelligence que d'intrépidité.

Ces citations, ces actions d'éclat devaient avoir, je le répète, d'autant plus de valeur que les juges de Bazaine avaient à considérer ses états de service.

Comment peut-il se faire qu'une pareille omission ait été commise ?

Je souhaite que les autres pièces du procès soumises au Conseil de guerre de Trianon aient été plus régulières.

Mais je ne puis cependant omettre de signaler que l'ordre du jour de M. le général de Ladmirault, gouverneur de Paris en 1873, enregistré à la première page du compte rendu des débats, qui faisait connaître la nomination du président et celles des juges, n'est pas daté. Par conséquent, de deux choses l'une : ou ce compte rendu a été fait avec une légèreté coupable pour ne pas dire davantage ; ou réellement l'ordre du jour n'était pas daté, et, dans ce cas, je laisse le lecteur en tirer les conclusions qu'il voudra.

Une dernière remarque.

J'ai sous les yeux trois expéditions des états de service du maréchal Bazaine, signés, paraphés et timbrés selon toutes les formes voulues. La première est en date de septembre 1854 ; la seconde, du 11 mai 1872 ; et la troisième, du 17 décembre 1887.

Ces expéditions, — qui toutes trois sont certifiées conformes, — sont différentes !

CHAPITRE XIII

Prison d'État. — Infractions au règlement. — Ce que femme veut.
— Une bienheureuse gargouille. — La clémence du maréchal de
Mac-Mahon. — Correspondance occulte. — *Alea jacta est.* —
Sans confidents. — Une étoile filante. — Remède pire que le
mal. — Les véritables traîtres.

La peine de mort avait été commuée en vingt ans de réclusion... c'est à perpétuité, quand on a soixante-deux ans.

Le maréchal fut dirigé sur l'île Sainte-Marguerite, où, sur la côte nord, en face de la pointe de la Croizette, s'élève le fort construit par Richelieu, qui acheta l'île en 1637. Ce fort, complété par les Espagnols et réparé sur les plans de Vauban, est devenu célèbre, comme prison d'État, par la captivité du mystérieux personnage connu sous le nom de l'Homme au Masque de fer.

La captivité durait depuis huit mois. Le maréchal était allé au-devant de sa condamnation, en réclamant lui-même des juges, en interdisant à son avocat de le défendre autrement qu'en répondant à l'accusation; il n'avait donc pas l'intention de se soustraire à la sentence, — autant toutefois que la France serait soumise à un gouvernement régulier, et que l'on respecterait, en sa personne, le texte de la loi à laquelle il se soumettait.

Or, deux infractions graves avaient été commises à son égard :

Premièrement, il est dit dans le texte de la loi relative à la réclusion, que celle-ci doit avoir lieu dans une *forteresse continentale.*

Ce n'était pas le cas pour Sainte-Marguerite, qui est une île.

En second lieu, soumettre le prisonnier non pas à une surveillance militaire, mais à une surveillance toute civile de garde-chiourme, c'était commettre une seconde infraction, et assimiler cette réclusion à celle des maisons centrales.

Puis étaient venus les froissements, les humiliations de toutes sortes, occasionnés non seulement par la présence continuelle du directeur de la forteresse, mais surtout par les ordres que celui-ci recevait de Paris.

Je ne parle pas des défiances, des surveillances exagérées, — toutes naturelles de la part de geôliers; mais M. Marchi, le directeur, avait reçu, par exemple, l'ordre de ne parler à son prisonnier que le chapeau sur la tête. Si par hasard il le rencoutrait, étant découvert, il avait soin de mettre ostensiblement son chapeau avant de lui adresser la parole.

Il ouvrait toutes les lettres qui parvenaient au maréchal, et lui avait imposé l'obligation de lui soumettre celles qu'il écrivait. Enfin, M. Marchi était allé jusqu'à dire un jour au maréchal, en présence du colonel Willette, à qui le dévouement envers son ancien chef faisait accepter une prison volontaire, qu'il venait d'écrire au Ministre pour lui demander s'il ne devait pas faire revêtir à son prisonnier l'uniforme infamant des maisons centrales.

Bien des dégoûts s'étaient peu à peu accumulés dans le cœur du maréchal, et, lorsqu'il fut question de le changer de résidence, de l'envoyer peut-être dans quelque forteresse plus éloignée, — encore moins soumise à un contrôle régulier, — il céda aux prières instantes de sa femme, qui, depuis le premier jour, n'avait cessé de mettre tout en œuvre pour décider son mari à la fuite.

Mlle Josepha de Pena y Barragan avait épousé au Mexique, à l'âge de dix-huit ans, le maréchal Bazaine, qui en avait alors cinquante-quatre.

Je n'ai pas à juger la maréchale Bazaine, ce jugement étant complètement en dehors de mon sujet. Mais je dois néanmoins constater que, jolie, séduisante, dévouée, d'une bravoure presque virile à certains moments, elle était d'une nature foncièrement ambitieuse. Son mariage en fut, du reste, la preuve.

La maréchale souffrait dans son amour-propre, dans son cœur, dans son ambition déçue, de voir que le héros auquel elle avait lié sa vie, après l'avoir placée au-dessus de tant d'autres femmes, la condamnait au rôle humiliant et sacrifié de compagne d'un prisonnier. Aussi était-elle décidée à contraindre son mari à s'évader, coûte que coûte, se réservant de le faire encore nommer chef d'emploi sur quelque grand théâtre politique européen.

Il y avait eu à Sainte-Marguerite des scènes douloureuses. La maréchale voulait la fuite ; son mari s'y opposait ; mais, comme il est connu qu'en ce monde, *ce que femme veut Dieu le veut,* — après une nouvelle lutte plus pénible encore que les précédentes, et au cours de laquelle la maréchale avait menacé son mari de l'abandonner et d'emmener ses enfants,—Bazaine, vaincu, capitula, cette fois sans avoir les honneurs de la guerre.

Avant d'aller plus loin, je dois consigner que quelques jours après l'évasion, la maréchale, qui était en rapport avec le parti carliste, déclara à Bazaine qu'il ne dépendait que de lui d'être général en chef des troupes de don Carlos.

Mais, cette fois, le maréchal fut inflexible. Il avait, disait-il, servi la reine Isabelle, alors mineure, pendant cinq ans ; il lui avait voué des sentiments d'affectueuse et respectueuse reconnaissance. Rien ne pourrait le décider à la combattre.

Ce dut être pour la maréchale une nouvelle déception.

Le corps de bâtiment qu'occupait le prisonnier était relié à la plate-forme, sur laquelle il était autorisé à se promener, par un pont suspendu, jeté sur une sorte de chemin creux et profond. La plate-forme couronnait un rocher dont le pied était battu par les vagues. Il fallait donc, pour s'évader de ce côté, effectuer une descente de 23 mètres, c'est-à-dire un mètre de plus que l'obélisque de la place de la Concorde.

Le maréchal avait remarqué qu'à un certain endroit où le rocher faisait saillie, en dehors du parapet, il existait une de ces anciennes gargouilles en pierre, hors de service, obstruée par la terre et les cailloux que l'eau y avait peu à peu amoncelés. La tête de la gargouille faisait saillie d'un bon mètre.

Ce fut l'endroit choisi.

Le maréchal cultivait un coin de terre adossé à la paroi intérieure du parapet. Dans ce triste jardinet, où il ne pouvait obtenir de fleurs, quelques maigres salades végétaient cependant. En fouillant profondément le sol, le maréchal dégagea la partie interne de la gargouille par laquelle devait passer la corde qui, fortement attachée à l'intérieur, lui permettrait, une fois le parapet franchi, de se trouver suspendu dans l'espace, et de se laisser glisser jusqu'à terre.

La gargouille avait été débouchée à l'aide d'une

tringle en fer servant à suspendre des rideaux; quant à la corde, il avait fallu, pour s'en procurer les matériaux et la confectionner, la ruse du prisonnier, toujours plus ingénieux et plus habile que ses gardiens.

Les caisses qu'avait apportées la maréchale dans la forteresse avaient été examinées avec un soin jaloux par M. Marchi lui-même : elles ne contenaient rien de suspect; mais, — on ne peut songer à tout, le directeur ne fit aucune attention aux petites cordes dont elles étaient ficelées.

Ce furent pourtant ces cordelettes, auxquelles le maréchal joignit celles de la balançoire de sa fille, qui, tressées ensemble, avec de gros nœuds de distance en distance, permirent d'effectuer l'évasion.

Comme un homme de soixante-deux ans, d'une certaine corpulence, suspendu à une légère corde, peut éprouver quelque défaillance physique, — d'autant que le maréchal n'avait en réalité qu'une seule main à son service, son poignet droit, traversé d'une balle en Afrique, étant d'un faible secours, — on lui confectionna, avec le dossier de la balançoire de l'enfant, une sorte de ceinture de gymnastique garnie d'un crochet, comme en ont les couvreurs pour se suspendre aux cordes à nœuds. Le crochet avait été fait avec un des arceaux du jeu de crocket.

Il ne restait plus, — en admettant que l'évasion réussît, qu'échappant à ses gardiens le maréchal parvint à gagner la mer, — qu'à déterminer la manière dont il serait recueilli et dont il pourrait passer à l'étranger.

Avant de pousser son mari à jouer sa vie, — l'évasion décidée, tout bien calculé et bien conclu, — la maréchale tenta une dernière épreuve et invoqua la clémence du maréchal de Mac-Mahon.

Accompagnée de son beau-frère, elle vint à Paris et demanda une audience au Président de la République.

Le maréchal de Mac-Mahon reçut les deux pauvres solliciteurs plus que froidement.

La maréchale eut beau lui rappeler que son mari avait été son camarade, son chef, qu'il avait glorieusement porté l'épaulette pendant quarante-deux ans; que, si l'on avait le droit de le faire fusiller, on n'avait pas celui de le torturer moralement pour le reste de ses jours. Rien n'y fit.

Le maréchal de Mac-Mahon resta inébranlable. Il se borna à répondre qu'il comprenait bien qu'on lui adressât une pareille demande; mais qu'il ne pouvait rien... que, cependant il était permis d'espérer dans l'avenir.

— L'espoir, répondit vivement la maréchale, appartient à Dieu; il le donne à tout le monde.

Et elle se retira avec son beau-frère.

Il avait été convenu que le prisonnier de Sainte-Marguerite serait prévenu du résultat de la démarche faite à Paris, grâce à un mode de correspondance secrète habituel.

Voici comment la maréchale parvenait à soustraire quelques lignes à la curiosité administrative du directeur de la forteresse :

Lorsqu'une lettre arrivait à l'adresse de Bazaine, M. Marchi se contentait de couper la partie supérieure de l'enveloppe, lisait le contenu, et replaçait, avant de la faire remettre, la feuille pliée telle qu'elle était auparavant. Il n'y avait donc qu'à décoller soigneusement l'enveloppe, et à en chauffer le papier avec une bougie, pour faire ressortir ce qui était écrit à l'encre sympathique.

La maréchale invitait son mari à regarder tous les soirs, à partir du 30 juillet, vers les sept heures, dans la direction du golfe Jouan. Lorsqu'il apercevrait une petite barque de pêcheur, d'où l'on ferait discrètement des signaux, il saurait ce que cela voudrait dire et tenterait l'évasion.

Aucun jour n'étant fixé, le bateau devait revenir tous les soirs jusqu'à ce que l'évasion pût avoir lieu.

La maréchale s'était assuré le concours de son neveu, M. de Rul, jeune homme d'un beau caractère, d'une énergie à toute épreuve, et à qui sa situation indépendante de fortune permettait d'affronter une telle entreprise. Elle s'était également entendue avec une famille anglaise, habitant une villa en face de l'île, et avec des officiers en retraite dévoués au maréchal, qui, eux aussi, habitaient la côte. L'un d'eux, le capitaine Doineau, devait payer de quelques mois de prison son dévouement à son ancien chef en Afrique.

La maréchale se rendit à Spa, s'installa, afin de déjouer tout soupçon, ostensiblement dans un hôtel avec ses enfants ; puis tout à coup partit pour Gênes, avec M. de Rul.

Là, la Compagnie Peirano Danovaro lui loua un yacht qui devait être à sa disposition de jour et de nuit, à raison de mille francs par vingt-quatre heures.

Ayant couché à bord, le samedi 8 août, à cinq heures du matin, on prenait le large. Le temps était très mauvais. Le soir, le capitaine vint mouiller à Port-Maurice, que le tremblement de terre d'il y a deux ans a détruit presque totalement.

Le lendemain matin, à huit heures, on se remit en route à destination de San-Remo.

La mer, qui déjà la veille était grosse, se trouvait alors absolument démontée. Le voyage fut des plus pénibles. M. de Rul était malade; quant à la maréchale, elle était dans un tel état de souffrance que, défaillante et désespérée, on dut, à l'arrivée, la porter à terre, où elle se mit à pleurer comme une enfant.

Ceux qui connaissent les terribles angoisses et l'abattement qui résultent du mal de mer, comprendront tout ce qu'il fallait de volonté et d'énergie pour tenter une telle entreprise dans de pareilles conditions. La mer retrouva tout à coup son calme comme par enchantement. La maréchale Bazaine, superstitieuse comme toutes les Mexicaines, voulut y voir un heureux présage. On repartit à trois heures; à sept on était dans le golfe Jouan.

La maréchale et son neveu se firent conduire à la côte par un canot du bord, et prirent terre à quelque distance de la pointe de la Croizette, près d'un petit escalier servant de débarcadère, où leurs matelots reçurent l'ordre de les attendre.

Alors commença pour les deux voyageurs une exploration très tourmentée, dans le but de se procurer une barque, — les matelots dépendant du yacht ne devant pas savoir ce qui allait se passer.

On aurait pu, grâce aux intelligences qu'on avait sur la côte, s'être assuré d'une embarcation à l'avance; mais M. de Rul n'avait accepté de seconder sa tante et de se dévouer entièrement à sa cause, qu'autant qu'on ne préviendrait personne relativement au moment où l'évasion aurait lieu, et qu'ils feraient tout par eux-mêmes.

On s'adressa sans succès à plusieurs pêcheurs. Un dernier voulut bien consentir à louer sa barque, moyennant qu'il la conduirait lui-même. Cela ne faisait pas l'affaire des voyageurs.

Le temps pressait; et comme il était probable que tous ceux à qui l'on pourrait s'adresser auraient les mêmes exigences, la maréchale, voulant couper court à la discussion, tira un louis de sa poche et pria le brave marin, sous prétexte de lui remettre des arrhes, d'aller chercher de la monnaie.

Sitôt qu'il fut parti, M. de Rul aida sa compagne à sauter dans la barque ; ils gagnèrent le large.

Pendant qu'il ramait dans la direction convenue, le pêcheur revint avec sa monnaie. Il fut tout surpris de ne pas retrouver son bateau ; mais, somme toute, il tenait les vingt francs, et pensait bien qu'on n'avait pas l'intention de le voler.

Il prit donc philosophiquement son parti, et se disposait à regagner sa maisonnette, lorsqu'un de ses voisins, qui avait assisté à la discussion dont nous venons de parler, lui dit :

— Sais-tu, au moins, à qui tu as loué ton bateau ?

— Non.

— Le monsieur, je ne le connais pas ; mais la dame, c'est la maréchale Bazaine.

— La maréchale Bazaine !

Le brave homme fut pris alors d'une vague inquiétude ; il trouvait, en effet, bien étrange, bien inexplicable la façon dont on lui avait loué son bateau... Qu'en voulait-on faire ? Tout cela n'était pas naturel.

Il attendit : trois heures, quatre heures ; la nuit s'avançait ; personne n'étant de retour, il monta dans une seconde barque et se mit à la recherche de la première.

Que faisait le maréchal Bazaine pendant ce temps-là ?

Muni d'une bonne lunette, qu'il avait trouvée au Mexique dans un fort ennemi, il avait interrogé la mer et aperçu, avec un battement de cœur bien naturel, les signaux annoncés.

Rentrant immédiatement chez lui, il alla chercher sa corde, et l'attacha à une barre de fer placée en travers de la gargouille, qu'il s'empressa de recouvrir de terre.

Ayant fini de dîner, l'inévitable M. Marchi vint rejoindre le maréchal, qui se promenait alors avec le colonel Willette, causant de choses indifférentes.

La conversation tomba sur les aérolithes, les étoiles filantes; le maréchal dit à M. Marchi :

— Puisque cette question vous intéresse, lisez donc les articles de l'*Univers* qui ont paru ces jours-ci.

— Ah! Et que disent-ils?

— Que nous sommes à une époque de l'année où ces météores sont très nombreux, et si vous regardez bien ce soir, vous en verrez filer un très gros.

C'était jouer avec le danger; mais il faut connaître le maréchal pour savoir à quel point le danger quel qu'il soit, et les émotions qu'il procure, réveillent la gaîté qui, pendant toute sa carrière militaire, lui a fait conduire ses soldats au feu comme à une fête.

A dix heures les factionnaires venaient, fusil chargé, prendre la garde sur la plate-forme. Aussi, à dix heures moins vingt, prétextant un peu de fatigue, Bazaine salua le colonel Willette et M. Marchi, en leur disant bonsoir.

Le directeur rentra dans son appartement, persuadé que le maréchal rentrait aussi dans le sien.

Mais ce dernier, mettant la main sur un petit banc vert auprès duquel il se trouvait, l'enjamba, et gagna à quatre pattes le bord opposé de la terrasse, où il avait placé sa corde.

Depuis le 30 juillet, le maréchal était toujours muni en vue de l'évasion. Il portait constamment sur lui : deux mille francs en or, un petit christ américain et une boîte d'allumettes-bougies.

Au moment où il allait s'abandonner dans le vide, il aperçut, grâce à une allumette que venait de faire partir M. de Rul, que la barque s'était sensiblement rapprochée. Appelant à son aide toutes ses forces, se poussant du pied et priant Dieu que sa corde fût assez résistante, le maréchal commença la descente. Il s'était déjà laissé glisser d'une quinzaine de mètres lorsque, rencontrant une saillie du rocher, il put, grâce à son crochet, prendre quelques instants de repos.

Voulant indiquer à son tour à la maréchale, qui se rapprochait de plus en plus, mais qui ne pouvait distinguer son mari, que l'évasion s'opérait heureusement, il prit une allumette dans son gousset, et fit jaillir une petite flamme en la frottant contre le rocher ; puis il continua sa descente.

Tout à coup, arrivant à l'extrémité de sa corde, il s'aperçut que quelques pieds encore le séparaient du sol. Il était exténué ; tous ses ongles déchaussés laissaient filtrer le sang. Il ferma les yeux et se laissa choir.

Il était tombé entre deux rochers, sur une couche de sable.

Se relevant aussitôt, il entra résolument dans la mer, tantôt nageant, tantôt se raccrochant aux aspérités du roc. Il voyait maintenant tout près de lui, à quelques mètres seulement, M. de Rul, debout, prêt à lui jeter une corde.

Quelques instants après, M. de Rul, le saisissant sous les bras, le hissait dans la barque. Il était temps, le maréchal était à bout de forces.

Ses premiers mots furent ceux-ci :

— Ah! mes chers enfants! comme vous m'êtes dévoués!

Se donnant à peine le temps de reprendre haleine, le maréchal saisit une des rames, M. de Rul prit la seconde; la maréchale se mit à la barre, et l'on se dirigea sur le point de la côte où attendaient le canot et les matelots du *Ricasoli*, fidèles à leur consigne.

Pendant que ceci se passait, le pêcheur, que nous avons laissé partant à la recherche de sa barque, avait abordé à Sainte-Marguerite, et ayant demandé à parler au chef de poste, il lui dit :

— N'avez-vous pas vu la maréchale Bazaine?

— Mais vous êtes fou, mon vieux! La maréchale Bazaine est loin. Et si vous venez la chercher ici, il faut que vous ayez du temps à perdre.

Malgré son insistance, le bonhomme fut éconduit. Il ne lui restait plus qu'à retourner chez lui, ce qu'il fit en effet.

Le maréchal s'évadait d'un côté pendant que le pêcheur abordait de l'autre. Il fallut vraiment un hasard providentiel pour qu'après être heureusement sorti de la forteresse, il échappât à ce second danger, dont il n'eut naturellement connaissance qu'après coup.

On arriva à bord du *Ricasoli* vers une heure du matin. Tout le monde dormait, sauf le contre-maître. On fit réveiller le capitaine, et on lui déclara qu'il fallait faire chauffer et partir sans délai pour Gênes.

— Mais ma patente est pour Nice. Je ne puis aller à Gênes, répondit-il.

Il avait commencé sa nuit tranquillement et espérait la finir de même. Mais la maréchale ne l'entendait pas ainsi.

— Vous êtes à ma disposition, dit-elle. Si je paye, je veux être servie ; s'il y a des responsabilités, je les prends à mon compte.

Enfin, après une discussion des plus vives, pendant laquelle le capitaine avait reconnu chez la maréchale une volonté inflexible, il fut fait ainsi qu'elle le désirait.

Avant de rentrer dans sa cabine, elle recommanda négligemment au capitaine *son vieil intendant*. Le lendemain matin, à onze heures, on était à Gênes.

Nous savons maintenant quelles furent les raisons qui déterminèrent l'évasion de Bazaine; mais je dois constater néanmoins que, malgré l'injustice flagrante de sa condamnation, malgré le déshonneur dont le frappait sa commutation de peine, malgré l'inflexibilité avec laquelle le Président de la République avait accueilli la maréchale, — Bazaine, en s'évadant, commit une grande faute.

Il n'est pas douteux que, s'il fût resté à Sainte-Marguerite ou dans une forteresse quelconque, — après tous les événements politiques qui se sont passés depuis treize ans, l'opinion publique, mieux éclairée, jugeant les faits avec plus d'impartialité, n'eût imposé la revision de ce procès, qui fut une honte pour la France. La justification de Bazaine pouvait en ressortir d'autant plus éclatante, qu'on eût mis en lumière les intérêts qui avaient contribué à égarer les honnêtes gens, lesquels sont, grâce à Dieu, en majorité en France.

En s'évadant, Bazaine a rompu le dernier lien qui le rattachait à la patrie.

Qu'a-t-il gagné? Sans aucune fortune personnelle, végétant misérablement en Espagne, il n'a même pas, pour l'aider à faire face aux difficultés de la vie matérielle, une pension militaire, une retraite quelconque, représentant la récompense de ses quarante-deux années de glorieux services.

Si le cœur de la maréchale avait été à la hauteur de

son ambition, voyant que les décrets de la Providence lui imposaient un autre sort que celui qu'elle avait rêvé, — ayant fait évader son mari, — la personne de ce pauvre vieux soldat, persécuté, ruiné, abandonné de tous, aurait dû lui être sacrée. Elle n'aurait jamais dû le quitter. Malheureusement il n'en a pas été ainsi.

La maréchale est repartie depuis longtemps pour le Mexique avec sa fille.

CONCLUSION — ÉPILOGUE

J'ai cru de mon devoir d'honnête homme et de bon Français de mettre sous les yeux des lecteurs, qui m'ont fait l'honneur de me suivre jusqu'ici, les raisons qui ont motivé le procès du maréchal Bazaine — et de faire ressortir la procédure inouïe dont il a été victime.

J'ai considéré que ce procès pouvait, après nous avoir fait juger avec la plus mortifiante sévérité par l'étranger, entraîner pour notre armée les conséquences les plus funestes, en laissant subsister l'erreur fatale qu'elle a fait tout ce qu'elle aurait pu faire.

Il ne faudrait pas qu'on se figurât que, si le maréchal Bazaine n'avait pas été à Metz, si un autre eût été à sa place, nous eussions été vainqueurs. Ceux qui répandent sciemment ou qui laissent subsister une pareille erreur, trompent notre armée, en lui cachant ses défaillances et ses fautes; ceux-là sont les véritables traîtres.

Certes, après les sacrifices que le pays a faits depuis dix-sept ans, l'armée française a une organisation et une force qu'elle n'a jamais eues; elle comprend que plus les fautes ont été graves, plus elle a le devoir de les réparer. Elle a le sentiment de sa force qui lui donne une puissance morale sans laquelle il est impossible de vaincre.

Cette puissance a été de tout temps la vraie cause des victoires des armées françaises.

Si l'on veut être vainqueurs, il faut se garder de le méconnaître, il faut régénérer le moral des troupes avec autant de soin que l'on perfectionne leur armement.

J'ai dit, en mon âme et conscience, ce que je pensais être la vérité. Ce n'est que lorsqu'on connaît la maladie, qu'on peut appliquer le remède qui lui convient.

TABLE DES MATIÈRES

Pages.

Préface.   v

CHAPITRE PREMIER

A la frontière. — Les langues française et allemande. — Comment on écrit l'histoire. — L'incendie du château d'Heidelberg. — Les cendres du grand roi. — Première victime de la guerre. — Notre-Dame-des-Ermites. — Traité de Tolentino.   1

CHAPITRE II

Kléber. — Un corps de garde. — L'enterrement d'un uhlan. — Un régiment qui passe. — Le prestige de l'épaulette. — L'Église et l'armée. — L'équipée de Strasbourg. — Une lettre à la reine Hortense. — Les instructions de l'*Andromède*. — Louis Bonaparte explique sa conduite.   20

CHAPITRE III

Jeunesse de Napoléon III. — Bonté et bienfaisance de la duchesse de Saint-Leu. — De loin c'est quelque chose et de près ce n'est rien. — Quel devrait être le jugement de la Chambre des pairs? — Montholon. — Bombardement de Strasbourg. — Français de cœur. — Un nouveau Palais impérial. — Les Allemands sont prêts.   38

CHAPITRE IV

Ce que pense l'ennemi. — L'opinion du feld-maréchal Burgoyne. — Un article de la *Comédie Politique*. — Lettres des maréchaux Le Bœuf, Canrobert, Mac-Mahon. — L'enquête. — Une réponse du maréchal Bazaine.............................. 58

CHAPITRE V

Pourquoi et comment l'Impératrice fit déclarer la guerre ? — La corruption de l'Empire. — Les surprises de la guerre d'Italie. — L'affaire de Sarrebrück. — D'après les journaux anglais. — Tout le monde commande. — Retraite sur Metz. — On a besoin d'une victoire. — Il faut passer la Moselle. — Commandement en chef. — Le dessous des cartes. — Départ de l'Empereur. — Le camp de Châlons. — Déjeuner impérial. — Impératrice et gouverneur. — Chez le Ministre de la Guerre.................. 77

CHAPITRE VI

Trop tard. — Honneur et Patrie. — Un bouc émissaire. — Nous sommes en révolution. — Pour les opérations militaires seulement. — Condamné aux honneurs. — Conséquence d'une dépêche de l'Impératrice. — Ambition et lâcheté. — Un soldat de fortune. — Les avantages de l'initiative. — Indécision et indiscipline. — Plus de vivres......................... 107

CHAPITRE VII

La victoire est aux gros bataillons. — Tout bâton est bon pour battre un chien. — Siège de Metz. — L'inaction. — La nuit n'est pas toujours le signal du repos. — Une victoire à la Pyrrhus. — Deux Français pour un Allemand. — Metz hôpital. — Vaincus par la faim.............................. 128

CHAPITRE VIII

Débâcle du 1er corps. — Mac-Mahon devant le Conseil d'enquête. — Imprévoyance. — Marche sur Mézières. — Un mouvement tournant qui est un désastre. — Deux jours perdus. — Capitulation en rase campagne. — L'épée de la France. — Les marchands

LA LÉGENDE DE METZ.   315

Pages.

de paroles. — Conjuration dans l'armée. — Le colonel d'Andlau.
—Messieurs les *troueurs*. — Un article du *Berliner Börsen Zeitung*.
— Périsse la France, mais sauvons la Révolution ! — Une dépêche
de Gambetta. 150

CHAPITRE IX

Metz, Campagne et Négociations. — Lettres du colonel d'Andlau.
— Faux témoignages. — Les drapeaux. — Lettre du colonel
Melchior. — Dépositions des généraux Pé de Arros et Picard. —
Déposition du capitaine Mornay-Soult. — Le drapeau allemand
de Rezonville. — Les drapeaux de Paris. 173

CHAPITRE X

La raison du plus fort est toujours la meilleure. — Une lettre du
colonel Commerçon. — Question de vivres. — Déclaration de
Bourbaki. — Un agent secret. — *Væ Victis*. — Entre maréchaux.
— Base de l'accusation. — Montebello. — La légende. — Justice
humaine. — Le libérateur du territoire. — Un admirable soldat.
— Orléanistes. — Un général *in partibus*. — Ce que pensait le
général Schramm. — Une lettre du général de Barail. — Sacrifice
volontaire. — Le président du Conseil de guerre. — A l'unanimité !
— *Une prime*. — Le peuple souverain. 198

CHAPITRE XI

Bazaine au Mexique. — A la table de l'Empereur. — Un choix patriotique. — Je demande des juges. — Bazaine a trahi. — Gambetta
veut sa tête. — Le défenseur de Troppmann. — Aveu de M. de
Bismarck. — Un crime politique. — Un peu de lumière. — Faute
de mieux. — Ce que pensait M. de Bismarck. — Les devoirs
d'une Régente. 247

CHAPITRE XII

Soixante-dix ans d'affection fraternelle. — Appel à l'Histoire. —
Encore la légende. — Armistice pour Paris et Metz. — Sauf-
conduit périmé. — Une proclamation infâme. — Un émissaire de
Bazaine. — Un faux officier d'ordonnance. — En collaboration.
— La France est trompée. — Le rapport d'un coquin. — Hors la
loi. — Ordre d'arrestation. — Le chevalier vicomte de Valcourt.
— Un sénateur opportuniste. — Le doigt de Dieu. — États de
service. 263

CHAPITRE XIII

Pages.

Prison d'État. — Infractions au règlement. — Ce que femme veut. — Une bienheureuse gargouille. — La clémence du maréchal de Mac-Mahon. — Correspondance occulte. — *Alea jacta est*. — Sans confidents. — Une étoile filante. — Remède pire que le mal. — Les véritables traîtres. 293

CONCLUSION — ÉPILOGUE. 310

Paris. — Typ. G. Chamerot, 19, rue des Saints-Pères. — 22023.

www.ingramcontent.com/pod-product-compliance
Lightning Source LLC
Chambersburg PA
CBHW060417170426
43199CB00013B/2171